# LA SOCIÉTÉ

## ET

# LES GOUVERNEMENTS

## DE L'EUROPE

—

4

PARIS. — IMPRIMERIE DE J. CLAYE ET Cⁱᵉ

RUE SAINT-BENOIT, 7

# LA SOCIÉTÉ

## ET

# LES GOUVERNEMENTS

## DE L'EUROPE

DEPUIS

LA CHUTE DE LOUIS-PHILIPPE

JUSQU'A

LA PRÉSIDENCE DE LOUIS-NAPOLÉON BONAPARTE

PAR

## M. CAPEFIGUE



TOME QUATRIÈME

PARIS : AMYOT, RUE DE LA PAIX

1849

# LA
# SOCIÉTÉ
## ET
# LES GOUVERNEMENTS
## DE L'EUROPE.

### CHAPITRE PREMIER.

DÉVELOPPEMENT DE LA DICTATURE DU GÉNÉRAL CA-
VAIGNAC. — FIN DE LA GUERRE CIVILE DU 23 AU
26 JUIN 1848.

Rien de plus naturel, de plus logique que la
dictature sous un gouvernement de démocratie;
la turbulence des esprits ne peut être réprimée que
par un chef investi de la suprême autorité. Il est
possible, ainsi que je l'ai dit, qu'une intrigue eût
préparé l'état de siége et assuré la puissance absolue au général Cavaignac; mais cette situation
exceptionnelle était nécessaire pour garantir la société; elle devenait l'impérative fatalité de la lutte
engagée depuis le 24 Février entre la bourgeoisie
et le prolétariat, lutte que la presse et les clubs
avaient si profondément envenimée.

Quand le décret de dictature eut été rendu, la Commission exécutive, pleine de dépit, envoya sa démission ; pouvoir incertain et médiocre, elle tombait sans laisser d'autre trace que les journées du 15 mai et du 24 juin ; investie d'une autorité presque illimitée, elle n'avait rien su prévoir, ni empêcher ; l'esprit de M. de Lamartine avait empreint partout cette vanité impuissante, et le désir de plaire à tous, afin de s'assurer une longue vie dans le pouvoir. En ce temps singulier, la manie du discours était passée à l'état de folie : on l'avait vu à l'Hôtel-de-Ville, où il suffisait de quelques gamins qui demandaient M. de Lamartine, comme à un théâtre pour que le grand orateur (c'était l'épithète convenue), monté sur une chaise prononçât l'éloge du peuple souverain. On put remarquer dans les termes et les formes mêmes de la démission collective, une irritation à peine dissimulée contre le général Cavaignac, qui s'emparait du pouvoir au nom du parti victorieux. « La Commission du pouvoir exécutif aurait manqué à la fois à son devoir et à son honneur en se retirant devant une sédition et devant un péril public ; elle se retire devant un vote de l'Assemblée, en lui remettant le pouvoir dont elle l'avait investie ; elle rentre dans les rangs de la représentation nationale pour se dévouer avec tous au danger commun et au salut de la République. » On remarquera qu'il n'y a ni éloge pour le pouvoir nouveau, ni une parole de confiance pour les mesures qu'il peut prendre. La Commission ne parle que de l'Assemblée Nationale, sans faire aucune allusion à la dictature du général Cavaignac, qu'elle considère comme un outrage à sa propre autorité.

Pour être exact, c'est que M. Arago, dans son activité stérile, M. Marie, dans son impuissant parlage, M. Garnier - Pagès, dans ses déclamations naïves, M. Ledru-Rollin, dans son énergie de roseau peint en fer, ressentaient, comme M. de Lamartine, un vif dépit de quitter le pouvoir pour le déposer aux mains d'un général de l'armée d'Afrique. En même temps qu'ils envoyaient leur démission, ils chargeaient un esprit politique d'une médiocrité facile, M. Barthélemy de Saint-Hilaire de dresser, en forme de récit historique, un acte d'accusation contre le général Cavaignac, qui devait paraître en son temps : tous sans en excepter M. de Lamartine, profondément irrités gardaient un silence prudent en présence de l'état de siége : plus tard, quand la dictature serait à sa fin, ils feraient peser sur sa tête la responsabilité des événements de juin. A chaque crise d'un pays, il faut un caractère, et presque toujours il se rencontre à l'heure fixe, au temps voulu : quel était le besoin le plus immédiat de la situation ? l'épée ! L'histoire des Machabées est toujours jeune, toujours nouvelle ; les sociétés malades sont sauvées par le glaive. Le général Cavaignac, caractère sérieux et convaincu, n'avait certes pas les conditions d'un homme d'État ; le culte qu'il professait pour la mémoire de son père conventionnel ardent et pour son frère démocrate inflexible, le plaçait aux mains de l'école républicaine très-avancée, et le rendait exclusif ; il avait servi sous la monarchie à côté du général Lamoricière, et néanmoins il gardait méfiance pour les hommes de ce passé ; il écoutait trop les conseils des amis de Godefroy Cavaignac, sans s'inquiéter de leur capacité ou de leur importance ; avec un mot on appelait toutes ses sympathies : « C'est un bon républicain. » Pour les partis extrêmes une opinion, c'est une religion, et en 1815, ne répondait-on pas à tout en disant : « C'est un royaliste. » Le règne des capacités ne vient qu'après celui des sentiments.

L'Assemblée, en confiant la dictature au général Cavaignac, se réserva la direction de toutes les questions législatives ; un décret adopta les orphelins des gardes nationaux morts en combattant pour la famille, l'ordre et la liberté : des pensions durent être assurées aux veuves, aux blessés, et la Nation reconnaissante élèverait des monuments aux victimes d'une si noble et si sainte cause ! C'est aussi à l'Assemblée que le général Cavaignac devait rendre compte de ses mesures et des progrès de sa stratégie répressive contre l'insurrection. Parmi ces mesures, celles qui constatèrent le mieux l'inflexibilité de l'état de siége et de la dictature, furent la suppression de certains journaux, le séquestre des presses, l'arrestation de quelques rédacteurs, et la fermeture immédiate des clubs. Je suis bien net dans mes idées, je ne crois pas en France un gouvernement possible avec la liberté de la presse ; ce que le général Cavaignac accomplissait en vertu de pouvoirs extraordinaires, devrait être pour un gouvernement régulier un droit simple et légitime ; si l'on n'admet pas la censure comme la meilleure garantie, il faut armer l'État de la faculté de supprimer ce qui nuit ; la pensée brûle, corrompt, et un journal comme tout établissement public doit être soumis à l'examen et à l'autorité de l'État. Il y eut plus d'arbitraire dans l'arrestation de M. Émile de Girardin, esprit d'élite qui tour-à-tour avait défendu et attaqué la société. Le meilleur moyen de s'éviter les violences contre les personnes, c'est de surveiller et d'empêcher les choses; il vaut mieux prohiber la propagation des idées séditieuses que d'avoir à réprimer la sédition; il y a moins de peine et de sang. M. de Girardin, esprit très-avancé au reste, avait fait des articles d'une grande vérité, et le numéro qui parut le samedi 24 juin, contenait des paroles si ardentes qu'elles auraient pu susciter des difficultés au milieu d'une situation si périlleuse déjà par elle-même. Cette mesure de sûreté prise en vertu de la dictature du général Cavaignac, contribua puissamment à le perdre.

D'ailleurs, comme tous les pouvoirs violents qui veulent faire de l'impartialité, le dictateur se mit à frapper à grands coups de sabre les opinions de droite et de gauche, afin de n'être pas accusé de prédilection : si *le Père Duchêne, la Vraie République, le Sans-Culotte,* furent mis sous le séquestre; la même mesure s'étendit à *l'Assemblée*

*Nationale*, à *la Presse*, journaux d'une couleur toute conservatrice ; la force confond si souvent le bien et le mal ! Les clubs furent fermés comme des réunions de désordre , sauf quelques exceptions en faveur des cercles ou réunions polies qui s'étaient formées dans d'élégants salons comme le cercle des étrangers, le Jockey-Club. Souvent pour revenir aux idées d'ordre, il faut passer par un grand désordre : y avait-il un gouvernement capable de résister à la double action des clubs et de la presse? Eh bien ! pour arriver à cette idée si simple , si gouvernementale d'une répression, on dut passer à travers le sang de la guerre civile : dix ans de luttes et de malheurs ( 1789-1799 ), avaient été nécessaires pour nous conduire au Consulat, et nous faire accepter la dictature de Napoléon. On répétait la même expérience en 1848; seulement on marchait plus vite.

Ce fut le dimanche, 24 juin, à dix heures du matin, que l'état de siége fut proclamé par l'Assemblée, et qu'ainsi le général Cavaignac prit la pleine possession du pouvoir sans contestation. Il y avait alors suspension d'armes entre la troupe et les insurgés, et quelques Représentants parcouraient Paris pour annoncer les mesures votées, l'état de siége, les pleins pouvoirs donnés au général Cavaignac. Ces mesures furent accueillies avec une satisfaction marquée par la bourgeoisie qui en avait assez de l'esprit de désordre; par une réaction toute naturelle, elle aurait abandonné toutes les libertés pour un peu de repos et de bonheur! Que de regrets au fond de l'âme pour ces cris de *vive la Réforme*, poussés aux 23 et 24 Février! Combien dut-on reconnaître qu'un gouvernement est un véritable bienfait, et que lorsqu'on en a un fort et protecteur, il faut le garder.

L'insurrection avait pris, le 24 au matin, des proportions formidables. Dans la nuit ses forces avaient doublé; les chefs des agitateurs invoquaient la solidarité des travailleurs; auprès d'un grand nombre ils employaient la contrainte morale ou physique : tel père de famille était traîné aux barricades malgré lui et il devait combattre. Ceux qui à cette heure terrible ont vu le faubourg Saint-Antoine en reproduisent l'aspect étrange : l'ordre dans le désordre; ici des étendards levés portaient inscrite la devise du socialisme; là sur les murs des menaces contre les propriétaires, à côté de ces mots tracés à la craie : Mort aux voleurs. Tout ce que le génie de l'ouvrier peut inventer pour remplacer les armes de guerre était employé aux faubourgs ; on avait même imité des formes de canons avec des cylindres et des longs tuyaux comme les couleuvrines. Toute la nuit fut passée à préparer les moyens d'attaque et de défense, avec cette prodigieuse activité qui distingue l'ouvrier de Paris. Le soleil levant dut éclairer une nouvelle et sanglante journée de la guerre civile.

A dix heures, voici où en étaient les opérations stratégiques. Les insurgés s'étaient rapprochés du canal Saint-Martin, et les avant-postes se montraient jusqu'au boulevard du Temple, près les petits théâtres, en face du général de Lamoricière qui commandait la colonne d'attaque, dans une position très-compromise, car du Marais les barricades des insurgés arrivaient jusqu'à la rue Vendôme. Le général de Lamoricière demandait de tous côtés des renforts; enlacé sur ses flancs, il pouvait être contraint à la retraite. Ces renforts arrivés, le général dut prendre l'offensive, débarrassant sa gauche jusqu'au-delà du canal, et refoulant les insurgés par la mitraille jusqu'à l'extrémité du faubourg du Temple.

Libre de ce côté, le général de Lamoricière put

dès lors par un mouvement vers sa droite se mettre en communication avec la colonne d'attaque qui opérait sur la rue Rambuteau, vers l'Hôtel-de-Ville, bloqué par tous les points au moyen de hautes barricades. Les insurgés n'avaient pas cessé d'avoir les yeux sur l'Hôtel-de-Ville, pour eux le siége de leur gouvernement. Il fallait le dégager à tout prix : d'où un triple mouvement, 1° par les rues Rambuteau et des Arcis, 2° par les quais, 3° des quais vers le quartier étroit de la place Maubert. Ce triple mouvement s'opéra avec une grande énergie en même temps que pour le compléter une forte colonne se portait vers le Panthéon et l'école de Droit, devenus pour les insurgés de véritables forteresses. Après de grands efforts on s'en empara : ce fut la première rencontre où l'on put faire un certain nombre de prisonniers ; plus de quinze cents insurgés mirent bas les armes et furent enfermés dans les caveaux du Panthéon, tandis que six bataillons sous les ordres du général de Bréa se déployaient vers les deux extrémités du faubourg Saint-Jacques jusqu'à la barrière de Fontainebleau, et par la rue Mouffetard jusqu'au Jardin-des-Plantes, et la rue Saint-Victor toute barricadée.

Ainsi, vers la nuit du 25, le centre de Paris était dégagé du côté du canal Saint-Martin jusqu'aux barrières ; les forces insurgées s'étaient concentrées dans le clos Saint-Lazare, protégées par l'hospice Louis-Philippe ; du côté des boulevards on pouvait s'étendre jusqu'à la Bastille : en face, le faubourg Saint-Antoine se hérissait comme une forteresse. Sur la rive gauche, la troupe dominait les deux faubourgs Saint-Jacques et Saint-Marceau ; l'insurrection était encore maîtresse des barrières. A la nuit on s'arrêta, mais que de pertes on avait eu à déplorer dans la fatalité de cette journée : généraux, officiers et soldats.

Les plus cruels épisodes dans ce grand drame ce furent la blessure mortelle de l'archevêque de Paris et l'assassinat du général de Bréa, acte odieux qui fait frémir la civilisation. Dans tout ce mouvement insurrectionnel les églises avaient été respectées ; le caractère spécial de la révolution du 24 Février avait été surtout le sentiment des choses religieuses ; les Montagnards eux-mêmes s'étaient montrés pieux. En présence d'une guerre civile si triste et si flagrante, le clergé de Paris ne voulait pas, ne pouvait pas se montrer indifférent ; il aurait manqué à son devoir, à sa vocation pacifique et la voix de

Dieu inspira l'archevêque de Paris lui-même. Au moyen-âge, comme dans l'Église primitive l'évêque était le premier magistrat, le premier citoyen de la cité : dire tous les services que rendit l'épiscopat aux villes quand les Barbares inondaient nos provinces, ce serait répéter les vieilles chroniques. L'indifférence des peuples n'avait pas brisé d'une façon absolue cette grande mission, et l'archevêque de Paris si savant et si modeste, Auguste-Denis Affre se résolut à se placer comme la parole chrétienne entre les assaillants.

Cette résolution il la prit simplement, comme une chose naturelle qui ne relevait pas le mérite de la vie ordinaire ; et afin de rester dans les conditions de la hiérarchie, le digne archevêque de Paris vint demander l'autorisation de sa démarche au général Cavaignac lui-même qui loua son zèle, approuva sa résolution sans dissimuler les dangers auxquels cette démarche exposait le pieux prélat : les insurgés étaient ardents, implacables, un coup de feu pouvait l'atteindre dans la mêlée. L'archevêque répondit : « Qu'il avait tout vu, tout apprécié d'avance avec la mesure des sacrifices et qu'il marcherait dans la voie ouverte par la charité. » Monseigneur Affre se mit donc en la voie indiquée par le Sauveur, suivi de ses grands vicaires comme les statues des évêques dans les tombeaux du moyen-âge. Il s'avança ainsi vers les 10 heures du matin précédé d'un homme du peuple en blouse qui portait un rameau cueilli à un arbre, en signe de paix.

Il faut se figurer la place de la Bastille le 25 juin, couverte de troupes et d'artillerie ; à l'entrée de la rue principale qui coupe le faubourg, une immense barricade, de gauche et de droite, les maisons occupées par la multitude insurgée qui faisait feu sur les assaillants. Lorsque l'archevêque s'approcha précédé du messager de paix, le feu de part et d'autre fut suspendu ; le saint prélat put dès lors s'élever sur la barricade en la gravissant avec peine ; tandis que parvenu au sommet il se mettait en devoir de prononcer quelques paroles de paix et de soumission, un coup de feu parti au milieu d'un tumulte l'atteignait de haut en bas dans cette partie si dangereuse de l'aine où chaque coup est mortel ; le danger de cette blessure fut bientôt connu et le pieux prélat conduit au presbystère de l'église Saint-Antoine y reçut les derniers sacrements. On put être témoin dans cette circonstance du respect profond de l'ouvrier pour les choses religieuses ; dès qu'on apprit la blessure de l'archevêque, la douleur fut universelle parmi les combattants, et tous mirent un grand prix à faire constater que le coup n'était pas parti de leurs rangs. Monseigneur Affre de son côté ne voulut pas qu'on en fît la recherche, mais il fut constaté que le coup était tiré d'une des maisons occupées par les insurgés. Les partis ont toujours parmi eux des fanatiques et des furieux que les paroles de paix importunent.

Cette journée du 25 juin fut néfaste pour tous, et l'armée fit des pertes énormes, parmi les généraux spécialement. Les insurgés, par colère, vengeance ou instinct, tiraient sur les officiers revêtus de leurs insignes : ainsi tombèrent frappés, grièvement blessés devant les barricades, les généraux Duvivier, Damesme et Bedeau, d'autres encore moins célèbres, et l'on remarqua qu'il y eut plus de généraux grièvement blessés dans ces journées néfastes que dans les plus grandes batailles de l'Empire. L'épisode le plus sanglant fut la mort ou pour plus exactement parler, l'assassinat du général de Bréa et de son aide-de-camp, à la barrière de Fontainebleau. Telle était l'action perverse de la presse et des clubs, qu'on était parvenu à jeter des haines profondes dans le cœur du peuple, et à fanatiser l'âme honnête des ouvriers ; scène horrible qui révéla l'affreuse éducation qu'on avait faite aux multitudes et l'abrutissement dans lequel elles étaient plongées ! Assassiner de sang-froid un vieux général, torturer un officier distingué, tout cela parut, à ces âmes abjectes, presque une représaille. Il faut, pour l'honneur d'un peuple, jeter un voile sur ces horribles scènes de la guerre civile. La Ligue et le xvie siècle désormais s'expliquent.

Dans la journée du 25, tous les efforts s'étaient portés sur la rive gauche pleinement dégagée. Plus ces efforts avaient été grands, moins il avait été facile de donner au général de Lamoricière les forces suffisantes pour opérer vers le canal, la Douane, le faubourg du Temple jusqu'à la barrière ; quelques forces d'artillerie, infanterie, cavalerie, n'arrivèrent que vers trois heures, et alors commença le mouvement offensif du général de l'armée d'Afrique ; des obus, des balles sifflèrent à travers le canal et brisèrent la barricade qui obstruait le passage des troupes au-delà du pont suspendu ; les insurgés chassés de position en position furent coupés du faubourg Saint-Antoine et forcés de se replier sur les barrières Poissonnière, Rochechouart, où ils furent accueillis par de nombreuses colonnes d'attaque parties de la place de la Concorde ; on comptait près de seize mille hommes autour de l'Assemblée Nationale. Au point de vue stratégique, l'affaire était véritablement gagnée le samedi 25, à cinq heures ; la rive gauche jusqu'à l'extrémité de la barrière Fontainebleau était au pouvoir de l'armée, la rive droite du canal était également débarrassée de l'insurrection coupée et entre deux feux vers le clos Saint-Lazare. Il ne restait donc plus réellement que le faubourg Saint-Antoine qui présentât un véritable et sérieux obstacle.

La grande forteresse était cet immense faubourg qui par sa position forme une ville à part ; d'énormes barricades s'élevaient à toutes les rues par toutes les extrémités ; il fallait les attaquer comme les fortifications d'une ville. Il est constant que les insurgés avaient une ardente confiance en eux-mêmes : « A une date si récente les barricades n'avaient-elles pas complétement triomphé ? Il en serait de même cette fois. » Cette certitude leur paraissait si acquise qu'il fut même raconté que MM. Barbès, Blanqui et Sobrier, détenus à Vincennes faisaient leurs préparatifs pour passer de la prison au pouvoir : est-ce là une anecdote de combat? Il est certain que dans la journée du 24, plusieurs délégués des prolétaires furent envoyés comme pour traiter de puissance à puissance, soit avec le chef du pouvoir exécutif, soit avec l'Assemblée elle-même. On remarquait dans toutes ces démarches des insurgés un sentiment de fierté et d'orgueil qui ne permettait pas de négociations sérieuses. Dans toutes ces entrevues on exigea d'eux une soumission absolue qui faisait nécessairement présager une amnistie : le général Cavaignac fit répéter l'espérance d'un pardon pour tous s'il y avait soumission immédiate.

Les choses étaient arrivées à ce point le 25 au soir qu'on pouvait se promettre la répression complète des insurgés dans un temps déterminé. Les règles d'un siége sont tellement précises, les forces de l'artillerie tellement calculées qu'on sait à une minute près ce que peut tenir la place la mieux fortifiée, et ici dans le faubourg Saint-Antoine quelques obus bien lancés pouvaient en finir par l'incendie. Avant de recourir à de telles extrémités le général Cavaignac tout en gardant les lois strictes de son devoir donna un certain nombre d'heures aux insurgés pour mettre bas les armes ; après ce délai le feu recommencerait avec la persévérante vigueur qui brise une ville ennemie. Le général espérait que ces sommations seraient suivies de quelque effet ; nullement. Il se passait dans le faubourg Saint-Antoine quelque chose d'étrange et de fatal : cette partie de la cité bloquée très-hermétiquement comme une place de guerre ne recevait aucune nouvelle du dehors ; dès lors les insurgés maîtres de donner toute impulsion aux événements racontaient les victoires de leurs amis et reprenaient les armes, en vertu de cette solidarité juste et orgueilleuse qui fait qu'un ouvrier n'abandonne pas son camarade : le 25 au soir, il faut le dire, parce que c'est vrai, tout le faubourg était en pleine insurrection.

Le matin du 26 parurent diverses proclamations et décrets destinés à la répression des actes coupables qui troublaient la société ; le général Cavaignac, en vertu de l'état de siége, ordonnait que les conseils de guerre procéderaient à l'information contre les individus arrêtés à l'occasion de l'attentat commis le 23 juin, en réservant, toutefois, la connaissance de ces délits à l'autorité judiciaire. Le général adressait en même temps une sorte d'ordre du jour digne et réfléchi à la garde nationale et à l'armée : « La cause de la vraie République triomphe, disait-il, l'insurrection s'affaisse ; des quantités considérables d'armes sont enlevées ; partout la garde nationale et l'armée, admirables dans leur unité, gagnent du terrain et enlèvent tous les obstacles ; nous pouvons l'affirmer sans crainte, la patrie et la société sont sauvées. » A la suite de cet ordre du jour, un décret du général déclarait que tout individu qui ferait des barricades, serait considéré et traité comme un insurgé pris les armes à la main. Ainsi le pouvoir né des barricades, et qui en avait fait si souvent l'éloge, revenait enfin aux principes justes et vrais en considérant toute insurrection comme un crime.

L'Assemblée elle-même s'adressa solennellement aux insurgés : « Ouvriers, et vous tous qui tenez encore les armes levées contre la patrie et la République, une dernière fois, au nom de ce qu'il y a de plus respectable et de saint pour les hommes, déposez vos armes, l'Assemblée Nationale et la patrie tout entière vous le demandent. On vous dit que de cruelles vengeances vous attendent, ce sont vos ennemis et les nôtres qui parlent ainsi. On vous dit que vous serez sacrifiés de sang-froid.

Venez à nous, venez comme des frères repentants et soumis à la loi, et les bras de la République sont tout prêts à vous recevoir. » Cette proclamation était destinée à dissiper les bruits qui circulaient parmi les ouvriers sur les vengeances que la garde nationale exerçait contre les vaincus.

Le matin du 26, je le répète, il y avait eu une sorte de suspension d'armes pour laisser tout le loisir d'une capitulation, et le général Cavaignac avait fixé à dix heures la reprise des hostilités. Dans cet intervalle, il s'était passé des faits d'une nature significative : les insurgés avaient encore envoyé des délégués auprès de l'Assemblée Nationale, porteurs de propositions écrites. « Nous ne désirons pas, disaient-ils, l'effusion du sang de nos frères ; nous avons toujours combattu pour la République démocratique ; si nous désirons ne pas poursuivre le progrès de la sanglante révolution qui s'opère, nous désirons aussi conserver le titre de citoyens en consacrant tous nos droits et nos devoirs de citoyens français. » Cette pièce incorrecte était parvenue à l'Assemblée par l'organe de M. Larabit, retenu en otage par les ouvriers avec quelques autres représentants qui étaient allés parlementer. Ceux-ci avaient mis leurs signatures au bas comme une sorte d'approbation. Fallait-il accepter la condition proposée? C'eût été dans ce cas traiter de puissance à puissance avec l'insurrection, et quelle force n'en fût pas résultée pour le parti prolétaire? il en fut délibéré en conseil, M. Sénard fit une réponse décisive au nom de l'Assemblée : « Si vous voulez vraiment conserver les titres, les droits et remplir les devoirs de citoyens français, détruisez à l'instant les barricades, en présence desquelles nous ne pourrions voir en vous que des insurgés ; faites cesser toute résistance, soumettez-vous et rentrez en enfants égarés dans le sein de cette République que l'Assemblée Nationale a mission de fonder et que par tous les moyens elle saura faire respecter. »

Le pouvoir sortait, autant qu'il était en lui, de la situation étrange que la révolution avait créée, et de la terrible impasse de l'insurrection de Février : quel droit public fixe et incontesté pouvait-on invoquer pour repousser le peuple qu'on avait proclamé souverain? Aussi ce peuple rejeta-t-il avec fierté les paroles de l'Assemblée, et nulle soumission ne fut faite. L'heure fatale de dix heures sonna sans un arrangement accompli, et les opérations militaires durent commencer. Au moment où le signal fut donné, les insurgés n'occupaient plus que deux points très-formidables : les uns se concentraient dans le clos Saint-Lazare, derrière l'hôpital Louis-Philippe, comme dans une forteresse ; les autres en bien plus grand nombre s'étaient fortifiés au faubourg Saint-Antoine, se préparant ainsi à une terrible résistance. La faiblesse stratégique de leurs positions venait de ce qu'ils étaient sans communications les uns avec les autres ; des masses de troupes les avaient coupés par le faubourg du Temple et Saint-Martin, de manière à ce qu'il leur fût impossible de se porter mutuellement appui ; on pouvait les attaquer séparément et les renfermer au milieu d'un cercle de feu.

Dans cette situation stratégique, l'attaque contre le clos Saint-Lazare n'était plus qu'un accident accessoire ; on savait qu'à heure fixe et par un déploiement régulier de forces, on viendrait à bout de l'insurrection acculée sur deux barrières. Il n'y avait de vraiment formidable que l'attitude du faubourg Saint-Antoine, où sur chaque barricade se déployait le drapeau rouge avec la devise des ateliers nationaux. Sans doute, une fois déjà, sous la Révolution française, le faubourg Saint-Antoine avait été assiégé et pris, mais alors le peuple ne connaissait pas encore les barricades popularisées par le livre de M. Vitet. Cette fois le faubourg en était hérissé depuis le grand vomitoire de la place de la Bastille jusqu'aux trois barrières du Trône, de Charonne et de Charenton : comment aborder cette immense forteresse.

Le plan arrêté en conseil de généraux fut celui-ci : le faubourg serait attaqué de face par l'artillerie et l'infanterie sous les ordres du général Perrot ( il remplaçait le général Damesme gravement blessé ) ; en même temps, le général de Lamoricière, libre de ses mouvements dans le faubourg du Temple, devait prendre en flanc par la rue Saint-Maur le faubourg Saint-Antoine, et rejoindre la colonne principale d'attaque conduite par le général Perrot. Si la résistance se prolongeait, une troisième colonne devait traverser le pont de Bercy, et prendre encore en flanc le faubourg, tandis que de la cavalerie et de l'artillerie, dirigées de Vincennes, devaient attaquer la barrière du Trône et couper la retraite aux insurgés, par de vigoureuses charges. Le feu commença à dix heures quelques minutes ; des boulets et des obus furent envoyés sur les premières barricades et les maisons placées à l'entrée du faubourg, tandis que déjà l'on entendait les feux de la colonne du général de Lamoricière s'avançant par la rue Saint-Maur. A ce moment les insurgés sentirent que toute résistance était impossible et les plus compromis quittèrent les barricades pour fuir dans les campagnes. A onze heures on vit un spectacle inattendu, les habitants du faubourg Saint-Antoine s'empressèrent d'offrir eux-mêmes de démolir leurs barricades; les plus ardents des insurgés avaient cessé d'exercer leur dictature, et la portion paisible du faubourg, ou la moins compromise, spontanément acceptait la capitulation offerte par le général Cavaignac. Il fallut moins de trois heures pour que dans le faubourg entièrement libre l'infanterie pût parcourir la grande ligne depuis la Bastille jusqu'à la barrière du Trône. La soumission des insurgés fut entière, car le clos Saint-Lazarre était également délivré des insurgés qui avaient pris la fuite. Ce n'était plus désormais qu'une affaire de cavalerie qui devait battre les champs pour ramasser les prisonniers.

Cette heureuse pacification fut annoncée à l'Assemblée Nationale par un aide-de-camp du général

Cavaignac vers une heure et demie ; elle produisit une vive et profonde sensation à travers les douleurs et les tristesses des trois fatales journées; trois jours comme en Juillet 1830 ! il y a des expiations! Les mêmes causes ne produisent-elles pas de semblables effets? Jamais, au reste, Paris n'avait vu une guerre civile si acharnée, si sanglante. La Ligue, la Fronde, la Révolution française, n'avaient jamais présenté d'aussi formidables moyens de défense dans la même cité : qui pouvait se comparer à ce système de barricades qui embrassait la moitié de Paris, et s'étendait peu à peu comme un immense cétacé tout revêtu d'écailles et de pointes de fer sur les deux tiers de la ville?

L'acharnement fut poussé au dernier point d'exaltation parce qu'on avait suscité des haines entre les classes et enivré les travailleurs de doctrines terribles. De là ces actes de cruauté, ces représailles sanglantes qui n'appartenaient pas à la civilisation, mais qu'on s'explique en étudiant ces affreux principes prêchés au peuple depuis Juillet 1830, par ceux-là même que la Providence appelait à se donner un démenti. Fatalité! Ils châtiaient par la mitraille les malheureux qu'ils avaient séduits et égarés. Eux étaient au pouvoir, et les victimes qui avaient cru à leurs paroles étaient proscrites. Il y eut de part et d'autre de tristes vengeances! Détournons les yeux de ce lamentable tableau. L'humanité ne se retrouva tout entière que sur le lit de douleur des hôpitaux; là se montrèrent les sœurs compatissantes à tous, les médecins dévoués. Au Val-de-Grâce des centaines d'insurgés furent transportés : qu'un loyal et sincère ami, Hyppolite Larrey, me permette d'arracher à sa modestie cet aveu qu'il s'y dévoua avec le même cœur que son noble père sur les champs de bataille. Il ne distingua point les opinions : il vit là des âmes fortes, des héros de la guerre sociale profondément convaincus jusque dans la mort.

# CHAPITRE DEUXIÈME.

## ASPECT DE PARIS APRÈS LES JOURNÉES DE JUIN. — CONSÉQUENCE DE L'ÉTAT DE SIÉGE.

Un caractère de tristesse profonde avait dominé Paris pendant les fatales journées de combats et de guerre civile ; le deuil était dans toutes les familles. Indépendamment des pertes réelles, l'imagination grossissait encore les dangers auxquels on était exposé ; la garde nationale tout entière était sous les armes ; préposée à la préservation de chaque quartier, elle pouvait être jetée au feu des insurgés sur toute la ligne ; et bien que presque partout elle fût restée passive depuis la journée du 23, elle avait éprouvé de lamentables épreuves. Paris s'était divisé en deux villes, l'une occupée par l'insurrection, l'autre par la troupe et la garde nationale.

Dans la cité en révolte, les gens d'ordre étaient comme dominés par l'émeute qui s'imposait dans des formes impératives ; des postes d'insurgés s'étaient établis dans les maisons particulières, et quoique l'orgueil honnête de l'ouvrier lui fît souvent dédaigner les dons de l'opulence, il gardait néanmoins des manières rudes de commandement pour requérir des subsistances, du pain, du vin, qu'il fallait livrer sur l'heure. Ce qui effrayait la famille, c'était moins le présent que l'avenir; tant que la lutte se prolongeait, les préoccupations de la bataille retenaient encore les prolétaires dans une certaine modération; mais s'ils triomphaient, qui pouvait répondre d'eux au milieu des ivresses de la victoire? Dans l'autre partie de la cité, libre de toute insurrection, il y avait deux sortes d'inquiétudes : on craignait à tout moment une révolte de prolétaires groupés à chaque coin des rues, sur les places publiques, attendant avec impatience des nouvelles de l'insurrection; au premier bruit de victoire, ces hommes auraient couru aux barricades, et nul n'aurait pu les empêcher : les insurgés n'allaient-ils pas gagner du terrain et envelopper les quartiers jusqu'ici préservés? Ainsi, le faubourg Saint-Honoré pouvait être enlevé par les prolétaires du Roule, des Batignoles, quartiers pleins de fabriques, de chantiers; d'autres pouvaient l'être aussi par les ouvriers de Clichy, Clignancourt, tandis que la position de la rive gauche de la Seine, tout le faubourg Saint-Germain étaient sous les menaces et la pression du quartier des Invalides, du Gros-Caillou, jusqu'à la barrière du Maine.

Il y eut donc un cri général de délivrance parmi la bourgeoisie lorsqu'on annonça enfin que Paris était délivré de l'insurrection, que le faubourg Saint-Antoine s'était soumis. Sur tous les lieux publics on voyait affichés divers actes du pouvoir exécutif agissant en vertu de l'état de siége, l'un pour l'immédiate information contre les individus qui avaient pris part à la révolte, et qui seraient traduits devant le conseil de guerre ; l'autre qui ordonnait aux afficheurs de ne placarder que les actes de l'autorité publique. Enfin une proclamation du général Cavaignac cherchait à justifier sa responsabilité pour tous les actes de violences arbitraires imposés par les circonstances : « Citoyens, soldats, disait-il, la cause de la République a triomphé, votre dévouement, votre courage inébranlable ont déjoué de coupables projets, fait justice de funestes erreurs. Au nom de la patrie, au nom de l'humanité tout entière, soyez remerciés de vos efforts, soyez bénis pour ce triomphe nécessaire. Ce matin, encore, l'émotion de la lutte était légitime, inévitable ; maintenant soyez aussi grands dans le calme, que vous venez de l'être dans le combat. Dans Paris je vois des vainqueurs et des vaincus, que mon nom soit maudit, si je consentais à y voir des victimes. La justice aura son cours ; qu'elle agisse, c'est votre pensée, c'est la mienne. Prêt à rentrer au rang de simple citoyen, je reporterai au milieu de vous le souvenir civique de n'avoir dans ces graves épreuves, repris à la liberté, que ce que le salut de la République lui demandait lui-même, et de léguer un exemple à quiconque pourra être appelé à remplir d'aussi grands devoirs. »

Cette proclamation un peu déclamatoire, tendait à empêcher les représailles qui malheureusement se manifestaient partout dans les rangs de la bourgeoisie. Certes s'il y avait eu des actes de cruauté et de barbarie parmi les insurgés, à son tour la garde nationale s'était vengée avec fureur : on avait fait un grand nombre de prisonniers parmi les insurgés, et rien ne peut se comparer aux mauvais traitements qu'on leur fit éprouver. Les républicains politiques se montraient implacables pour ces malheureux qu'ils avaient égarés : on les entassait pêle-mêle, dans des souterrains, aux Tuileries, sous la plate-forme de la terrasse ; quelquefois même dans le trajet l'attitude ferme, altière des insurgés, les tentatives d'évasion provoquaient de terribles vengeances ; et des récits lugubres, sanglants, exagérés circulaient parmi le peuple sur quelques détonations qu'on avait entendues dans la nuit du 26 juin. C'est à quoi sans doute faisaient allusion les paroles si tristes du général Cavaignac.

Plusieurs mesures avaient été prises en vertu de la dictature suprême ; j'ai déjà parlé de l'arrestation brutale et fort inutile de M. Émile de Girardin : que lui reprochait-on ? N'était-ce pas un arbitraire sans but, sans l'ombre d'un prétexte ? En même temps le chef du pouvoir exécutif ordonnait, comme je l'ai dit, la suppression d'un grand nombre de journaux, tels que *la Révolution, la Vraie République, l'Organisation du Travail, le Napoléon Républicain, l'Aimable Faubourien, le Lampion, le Père Duchêne, le Pilori.* C'étaient là des pamphlets, tristes sources de désordre et de calomnie ; mais on ne pouvait expliquer que par des rivalités et des jalousies de presse, ou par la crainte d'une critique active et surveillante, la suspension de *la Presse* et de *l'Assemblée Natio-*

*nale*, journaux de l'ordre, ardents dans l'expression, mais très-dévoués au parti social. Dans ces sortes de proscriptions les partis vainqueurs sont très-disposés à confondre leurs adversaires personnels parmi les ennemis publics.

Le général Cavaignac prit en même temps deux mesures qui paraissaient indispensables à la reconstitution de l'ordre et de la paix dans la cité : la première fut le désarmement d'une partie de la garde nationale ; la seconde la réorganisation de quelques mairies de Paris, spécialement de la douzième. Quelle cause surtout avait amené le terrible conflit des 23 et 24 juin, sanglante guerre civile ? si ce n'est le fatal armement de toute la population de Paris, sans distinction, sans garantie, en un mot cette ribotte de fusils, selon l'expression de M. Caussidière ? Ces fusils de l'État fournis par MM. Arago et Charras, dans les mois de mars et d'avril, aux applaudissements de M. de Lamartine, s'étaient retrouvés derrière les barricades pour faire feu sur la troupe de ligne et la bourgeoisie ; à qui la faute et la responsabilité, si ce n'est à tout le Gouvernement Provisoire, la plus triste, la plus imprudente des dictatures ! La réorganisation de la mairie du douzième arrondissement fut également le premier acte du général Cavaignac ; le maire avait été vu sur les barricades et on l'accusait d'avoir pris part à l'insurrection. Depuis le 24 Février il y avait eu une si étrange et si continuelle confusion du gouvernement et de l'émeute, qu'on ne pouvait rien distinguer, rien séparer : M. Barbès n'avait-il pas été le colonel de la 12ᵐᵉ légion, et cette légion presque entière avait combattu avec l'insurrection ! la mairie avait été organisée dans le même esprit, par l'influence de M. Arago, tout puissant dans le faubourg Saint-Marceau. Maintenant ces pouvoirs et ces hommes se trouvaient dans l'émeute ! Il fallait arrêter et juger comme coupables ceux qu'on exaltait naguère comme des héros.

Le côté bizarre et très-immoral de la situation venait des antécédents révolutionnaires de tous ceux qui entouraient le général Cavaignac pour seconder ses mesures, soit comme ministres à portefeuille, soit comme fonctionnaires publics. Le principal département, celui de l'intérieur, restait aux mains de M. Recurt, l'ami, disait-on, de la famille Pépin, conspirateur émérite du faubourg Saint-Antoine depuis vingt-cinq ans : n'avait-il pas longtemps partagé les doctrines de ceux qu'il était désormais chargé de contenir ?

M. Trélat, ministre des travaux publics, n'était-il pas de cette grande famille d'agitateurs qui passaient des clubs aux barricades, et de la guerre civile aux prisons d'État? Quelle différence existait-il, par exemple, entre M. Flocon, ministre du commerce, et les pauvres ouvriers que l'on arrêtait avec tant d'inflexibilité? Pourquoi les uns étaient-ils au pouvoir et les autres dans les fers? N'étaient-ce pas les vieilles et ardentes prédications de M. Marrast dans *le National,* et de M. Flocon dans *la Réforme,* qui avaient aigri les cœurs et exalté les esprits? L'un habitait le splendide Hôtel-de-Ville, donnait des fêtes, l'autre jouait au Colbert dans les palais, tandis que les vieux camarades de complots étaient jetés dans les cabanons! On disait M. Bastide un cœur convaincu, est-ce que sa situation était tenable dans un ministère, lorsque dans les prisons on n'entendait que ces paroles un peu familières? « Je voudrais bien savoir pourquoi Bastide, Marrast, Flocon nous font *coffrer*, puisque nous avons partagé leurs doctrines, et que nous faisons notre lecture habituelle du *National* et de *la Réforme.* » Tel était le vice de la situation.

L'aspect de Paris, au reste, se ressentait profondément de l'état de siége; jamais le gouvernement militaire ne s'était montré avec plus de violence et dans toute sa nudité. Dans les premiers jours d'abord, on n'avait pu parcourir les rues que muni de carte de sûreté : partout se déployait un appareil de guerre ; sur les points principaux des boulevards, des canons, des tentes et des bivouacs de cavalerie, comme un campement d'Afrique. De temps à autre on voyait s'avancer silencieuses des colonnes d'infanterie et de gardes mobiles : au centre des masses de prisonniers faits aux barricades ; la plupart aux traits hardis, à la démarche hautaine, semblaient à la fois saluer et insulter la grande cité. On les conduisait dans les forts qui environnaient Paris, consacrés par la fatalité à une étrange destination ! le roi Louis-Philippe, dans ses jours de pouvoir le plus absolu, n'en aurait pas trouvé d'autre ! C'était pitié à voir ! et le cœur se serrait à l'aspect de ces tristes victimes des fausses doctrines dont les prédicateurs étaient au gouvernement ; on les traitait avec une cruelle inflexibilité, et le triage fut fait par les mains parfumées et gantées, qui autrefois ne dédaignaient pas le contact de l'ouvrier, et qui par des flatteries insensées, avaient conduit les prolétaires à leur perte.

A neuf heures les rues de Paris étaient silencieuses comme un bivouac à la veille d'une bataille; la retraite battait comme en face de l'ennemi; les sentinelles étaient à leur poste, poussant le *qui vive* des camps. D'après l'ordre de M. Marrast, préfet de la Seine, les habitants devaient illuminer leurs maisons, autant pour remplacer les réverbères brisés que pour éclairer la marche des troupes pendant la nuit : au chant du coq les habitants étaient éveillés au bruit du tambour et des trompettes; le bourgeois ouvrait précipitamment son journal pour y trouver des ordonnances sévères, des ordres d'arrestation et de désarmement : sur toutes les grandes artères de la rue Saint-Denis et Saint-Martin, ou du boulevard Saint-Antoine, on voyait toujours de nouvelles troupes de prisonniers; tous les dépôts étaient encombrés. Vers sept heures commençaient les visites domiciliaires pour le désarmement : la garde nationale, quelques troupes de ligne se rendaient d'abord aux extrémités des faubourgs, puis descendaient le long des rues : les officiers montaient dans les maisons, fouillaient tout avec une attention méticuleuse. Ce qui est police en France est toujours fait avec exagération de forme par chaque parti.

Cependant les esprits éprouvaient une sorte de

sécurité, car aucun événement ne pouvait donner
à la société et au pouvoir une plus vive et une plus
grande impulsion que les sanglantes journées de
juin. Après les premières émotions de la victoire,
ce que demandait cette société, c'était d'être gou-
vernée : depuis la révolution du 24 Février, elle ne
l'était pas ou elle l'était à rebours : les flots de peuple ameuté par le journalisme et les clubs faisaient
ou défaisaient les décrets. Quand le temps aura
passé sur nos années d'agitations, qui de nous
n'accueillera d'un sourire de pitié la collection
des actes du Gouvernement Provisoire, et après lui
de la Commission exécutive? Était-ce là un pouvoir
régulier? quel était ce langage abaissé, adulateur,
adressé à la multitude comme à la légitime souveraine? Il fallait sortir de cet ordre d'idées et d'actions, et rien n'était plus aisé à l'autorité publique
puisque toutes les volontés venaient à elle en la
suppliant de sauver la société par la dictature : l'é-
tat de siége même avait trouvé à peine quelques
voix d'opposition dans l'Assemblée Nationale.

Cette Assemblée, une fois la victoire assurée,
dut la haute manifestation de ses principes à
la société qui venait de se sauver elle-même des
plus grands périls ; elle le devait avec d'autant plus

d'énergie, que la source du mal était dans les fautes des gouvernants qui, depuis le 24 février, avaient proclamé de si étranges maximes de droit public et privé. Une adresse énergiquement rédigée et votée par l'Assemblée Nationale fut destinée à la proclamation des principes sur la famille, la propriété, droits saints et sacrés que voulaient ébranler les doctrines impies. C'était bien, sans doute ; mais les pouvoirs en ce monde n'ont pas pour mission seulement de se plaindre et de gémir, de dénoncer les fausses doctrines et les mauvais principes, il faut surtout qu'ils sachent sévir et réprimer. Que devait donc faire l'Assemblée Nationale si ce n'est de déclarer crime d'État au premier chef la publication orale ou par écrit de toutes ces doctrines subversives ? C'était ainsi qu'agissaient les anciennes Républiques lorsque de mauvais citoyens égaraient les esprits et pervertissaient les cœurs ; la presse était la source des troubles de la génération présente ; on n'osait le dire ; de là tous les maux du temps.

Une double question presque immédiatement se présenta : Était-il possible qu'une insurrection si vaste, si parfaitement organisée, fût le résultat spontané d'une prise d'armes subite, irréfléchie ;

n'y avait-il pas de longs apprêts, un complot prémédité, et alors si de tels antécédents existaient, comment supposer l'autorité publique si mal informée, qu'elle ne sût rien de la réunion des conjurés, ni de leur prise d'armes, ni des magasins de balles et de poudre, ni des projets de barricades élevées sur tant de points de Paris? L'opinion publique agitée, signalait des chefs de complots dans les régions supérieures ou des complices dans le Gouvernement Provisoire : il fallait oser les atteindre et les poursuivre; c'est dans ce but que l'Assemblée désigna un Comité de recherches et d'enquête dont la mission était d'examiner les causes premières de l'insurrection de juin, de pénétrer les rapports intimes et particuliers qui pouvaient exister entre ce grand tumulte et les journées des 17 avril et 15 mai. Le personnel de cette Commission placée sous la présidence de M. Odilon Barrot faisait présumer que l'Assemblée voulait savoir la vérité, la vérité absolue un peu passionnée, et néanmoins avec toutes les formes et les convenances parlementaires.

En vertu de son pouvoir souverain, l'Assemblée prit une de ces mesures que la République seule peut se permettre, parce qu'elle offre un corps sans nom qui ne porte avec lui-même aucune responsabilité que celle du salut public. La République seule avait pu briser à coups de canon l'insurrection de Paris ; seule aussi elle put, presque sans débat, frapper en masse tous les insurgés pris les armes à la main , de la peine de l'exportation, sorte de déportation mitigée. Et qu'on le remarque bien ! la dictature pour agir n'avait pas besoin d'un jugement, d'un arrêt de justice, elle dressait des listes à son gré, en vertu de son libre arbitre, peut-être indispensable en face de cette masse de prisonniers qui encombraient les dépôts de Paris. On avait aggloméré tous les hommes pris les armes à la main dans des lieux profonds et fermés, dans les caves de l'Hôtel-de-Ville, au Luxembourg, aux souterrains des Tuileries. Le nombre en était bien grand dans ce pêle-mêle ; on avait à craindre les exhalaisons fétides, le typhus, au milieu des chaleurs de l'été, on ne pouvait ni décimer ces captifs, ni les mettre en liberté ; le décret d'exportation fut inflexiblement exécuté par les républicains politiques comme si eux-mêmes avaient toujours été chastes et purs d'insurrection.

Le pouvoir confié au général Cavaignac comme une dictature, dut chercher d'abord à s'organiser;

on se rappelle que le titre donné au général était celui de président du conseil des ministres, et afin de le distinguer d'un chef ordinaire du cabinet, le président recevait le droit de choisir lui-même les secrétaires d'État de chaque département, prérogative suprême de sa présidence; tout plein de ses souvenirs et de son éducation révolutionnaire, le général n'avait pas cette habitude des hommes qui fait porter sur chacun d'eux un jugement sain et impartial; sans grands préjugés, il avait gardé néanmoins des habitudes et des amitiés; il n'osait se sérer des hommes que des antécédents d'opinion lui présentaient comme les plus purs républicains.

Le cabinet qu'il modifia était le résultat de cette mixtion de l'esprit de l'Assemblée et de ses propres amitiés. M. Sénard avait montré en toute circonstance une certaine fermeté déclamatoire, et l'adresse de l'Assemblée était son ouvrage; le général lui confiait le ministère de l'intérieur où tant de choses étaient à faire pour l'épuration du personnel administratif si malheureusement composé par M. Ledru-Rollin. M. Recurt, qui avait eu ce ministère, passait aux travaux publics que délaissait M. Trélat, ce ministre qui n'avait cessé de négocier avec les ateliers nationaux comme de puissance à puissance. M. Bethmont, esprit modéré et médiocre, acceptait le portefeuille de la justice ; M. Goudchaux celui des finances ; par une concession à l'égard du *National*, le général Cavaignac laissait le département de l'instruction publique et des cultes à M. Carnot, d'une insuffisance passionnée, auxiliaire de l'*Encyclopédie* de M. Jean Reynaud. Deux choix d'hommes de grande signification vinrent relever ce ministère ; ce furent ceux du général de Lamoricière pour le département de la guerre et du général Bedeau pour les affaires étrangères que M. de Lamartine avait laissées à M. Bastide si étrangement placé ; celui-ci recevait le département de la marine. Comme si la vaste capacité de M. Bastide s'attachait à tout, il vint se replacer aux affaires étrangères sur le refus du général Bedeau : aux noms considérables de Lamoricière et de Bedeau, le général Cavaignac joignait celui d'un autre de ses compagnons d'Afrique, le général Changarnier, auquel il confiait le commandement suprême de la garde nationale de Paris : cette garde qui avait fait une véritable campagne méritait bien un glorieux officier pour son chef.

Deux pensées, j'ai presque dit deux engagements préoccupaient le général Cavaignac, chef du pouvoir exécutif : la dissolution des ateliers nationaux et le désarmement d'une partie de la garde nationale, soit individuellement, soit par masse ; c'est pour arriver à ce double résultat que le pouvoir extraordinaire de l'état de siége avait été créé comme action indispensable. Le coup décisif porté à la sédition dans les journées de juin avait brisé nécessairement toute opposition, toute résistance sérieuse, et il suffit d'un ordre du ministre des travaux publics pour dissoudre ces associations si follement organisées qui, par les brigadiers et les chefs de service obéissaient à la turbulente et orageuse impulsion des clubs. Ce fut un grand triomphe pour l'ordre : on vit disparaître peu à peu ces groupes d'ouvriers paresseux qui se mettaient en grève permanente. A ce système de solde et d'association politique, on substitua la permanence des secours mutuels et à domicile, triste aumône qui remplaçait le légitime labeur ; on admit les ouvriers à la tâche et non plus à la journée. Le géant aux cent mille bras que les théories de M. Louis Blanc avaient enfanté s'affaissa sur la terre sans laisser trace.

Le désarmement d'une partie de la garde natio-

nale avait non moins de gravité. Un triste spectacle s'était montré dans la sanglante lutte; les
rapports venus de tous les points annonçaient que
dans divers quartiers de Paris et de la banlieue la
garde nationale, en tout ou en fraction, avait pris
parti pour les insurgés : on avait vu des officiers
portant les épaulettes et le hausse-col, commander
le feu contre la troupe et les autres gardes nationaux; des sous-officiers avaient aidé à faire des
barricades, et dans la 12e légion, par exemple, on
avait compté plus d'émeutiers que de soldats de
l'ordre; il fallait prendre à ce sujet un parti vigoureux. La faute de cette confusion remontait
jusqu'à ce fatal Gouvernement Provisoire qui avait
armé tout le monde, en même temps qu'il créait
un antagonisme de principes et de classes dans la
société; avant de lutter sur les barricades on s'é-
tait mesuré dans les clubs. Le désarmement
après la victoire était une mesure indispensable,
et les légions l'exercèrent spontanément. Une
légion et plusieurs bataillons furent dissous par
un décret du pouvoir exécutif; dans chaque
compagnie les capitaines durent fournir les
états de leurs hommes, et d'après l'avis d'une
sorte de conseil de famille, le désarmement s'ac-

complit. On fit des visites domiciliaires à la suite de cette mesure pour rechercher les fusils et autres armes de guerre depuis longtemps enfouis, il y eut d'étranges et nombreuses découvertes : telle maison inconnue offrait presque un arsenal complet; des femmes dérobaient la poudre et les balles comme des effets précieux dans ce triste temps de guerre civile ! partout des arrestations presque au cri de haro, sur une simple dénonciation. Paris subit ainsi le châtiment nécessaire de la licence, c'est-à-dire le pouvoir absolu. La liberté régulière dure et se stabilise; la licence a sa solution dans la dictature, et personne ne doit s'en plaindre, car rien de plus légitime que ce qui est logique.

Cela est si vrai, qu'à travers l'aspect de guerre et d'occupation militaire, compagnon de l'état de siége, Paris était plus rassuré. Les premiers jours qui avaient suivi la victoire de juin, la circulation avait été interrompue, les habitants même ne pouvaient traverser les points extrêmes de leur quartier sans un laissez-passer. C'est qu'alors on voulait à la fois s'assurer des armes et de la personne des insurgés; eh bien, la bourgeoisie, toujours si fière de ses immunités, avait subi ces gênes avec autant d'aisance que de résignation; elle savait qu'elle venait de remporter sa propre victoire, et que les précautions prises l'étaient dans l'intérêt de la société. D'ailleurs des bruits se répandaient partout sur la réapparition des insurgés dans quelques parties de la banlieue; on y portait des troupes; la garde nationale des provinces secondait partout le mouvement avec zèle; elle avait intérêt à montrer sa force, afin de constater que les départements possédaient en eux-mêmes une puissance considérable que partout ils pourraient mettre au service de l'ordre public. Les idées de décentralisation et de fédéralisme faisaient d'incontestables progrès : Paris abusait de sa force; on l'avait senti non-seulement à l'époque de la révolution du 24 Février, mais surtout à cette période bizarre où M. Ledru-Rollin avait expédié des commissaires clubistes dans les départements.

Sur quelque point de la France qu'on jetât les yeux, les provinces étaient humiliées, et il suffisait de lire les journaux des localités pour s'en convaincre. A Paris, où tous les rangs à peu près se confondent, les choix d'hommes ont moins d'importance parce qu'on ne se connaît pas; mais dans les départements, on sait la valeur de chacun, et malheureusement pour sa destinée, le parti républicain ne hantait pas ce qu'il y avait de mieux dans le monde. Les conspirateurs de 1831, de 1832 appartenaient à des classes qui n'avaient ni le premier rang, ni la plus belle renommée, et tout d'un coup on les élevait à une préfecture, à la mairie d'une grande cité où leurs antécédents étaient souvent ceux du désordre ou de la banqueroute ; il en résultait de vives indignations. Les villes, telles que Bordeaux par exemple, se demandaient s'il n'y aurait pas moyen de rendre à chaque cité son importance naturelle par une sorte de fédéralisme : « Si l'Assemblée n'était plus libre à Paris, eh bien ! qu'on choisît une cité de province et on laisserait Paris à son isolement révolutionnaire. »

Pour combattre ces tendances vers une séparation provinciale, dans certains départements les fonctionnaires avaient soulevé eux-mêmes les classes prolétaires, spécialement dans les villes de commerce et de manufactures. Qu'elle était triste par exemple, la situation des Lyonnais si affectionnés à leur pays ! La vie civile et commerciale semblait pour ainsi dire proscrite ; les paisibles et nobles habitants de la cité, les manufacturiers étaient sous la pression des armées d'ouvriers constamment insurgés contre l'ordre ; et pour effrayer encore les gens paisibles, ces ouvriers prenaient des noms sinistres à la manière des grandes compagnies du moyen-âge. Il n'était sorte d'excès dont on n'accusât les *Voraces* soulevés contre les établissements publics et les individus : à Saint-Étienne, ville qui a tant de rapport avec Lyon, il s'était passé des faits d'une sauvagerie étrange. On avait vu des compagnies de femmes et d'ouvriers se jeter sur un couvent de pauvres filles sous prétexte qu'elles se livraient à des travaux manuels en concurrence avec l'ouvrier ; tous ces excès on les autorisait en vertu du privilége des ateliers nationaux. Que faisaient alors les préfets ? presque tous fermaient les yeux pour ne point voir ; heureux encore lorsque sous main ils ne favorisaient pas ces démonstrations à la manière du Gouvernement Provisoire, pour éviter ce qu'on dénonçait sous le nom de réaction.

A Marseille, la cité commerçante, une tentative plus sérieuse était essayée par les prolétaires et les ouvriers des ateliers nationaux. Au temps de calme et de transactions paisibles, Marseille était parvenue à son plus haut degré de prospérité ; alors il n'était besoin ni des secours de la cité, ni de la formation

des ateliers nationaux, compagnons inséparables
de la misère et du désespoir. Ces misères étaient
écloses au soleil démocratique. Marseille devait à
la fois nourrir les ouvriers de son canal, les travailleurs de son port, et des bandes d'étrangers
qui, sous prétexte d'aller servir en Italie la cause
de la liberté, portaient partout le désordre, comme
les Polonais en Allemagne et les Allemands en
Suisse et dans Paris, le centre des conjurations.

Le préfet des Bouches-du-Rhône, ancien commissaire de M. Ledru-Rollin, jeune homme sans
expérience, d'un nom assez connu à Marseille par
son père, avait gardé un système tempéré avec
ses sympathies néanmoins pour les noms et les
idées révolutionnaires. Comme la grande majorité
des fonctionnaires de M. Ledru-Rollin, le préfet
était dépaysé, démoralisé depuis la journée du 15
mai qui avait jeté tant de doute et révélé un si pitoyable vouloir dans l'administration publique. Il
paraît constant que le sinistre mouvement de juin
à Paris était concerté sur tous les points de la
France et devait éclater simultanément pour rendre la répression plus difficile. Marseille, pour la
première fois, eut des barricades sur plusieurs
points : dans la vieille ville, à la place aux OEufs,

et à l'extrémité de la cité même, sur le chemin de Rome, vers la place Castellane; la garde nationale et la troupe de ligne, réunies dans une vraie et commune fraternité, enlevèrent les barricades au pas de course; après une faible résistance et quelques morts laissés dans la lutte, la révolte disparut.

Je le répète, l'insurrection du 23 juin ne fut point un acte isolé dans la capitale seule; toute la force prolétaire devait se manifester sur plusieurs points de la France à la fois, au centre et aux extrémités. Il y a de ces pressentiments qui passent et se transmettent comme un feu électrique : à Lyon, à Marseille, Saint-Étienne, Limoges, Rouen on attendait des nouvelles de Paris pour suivre cet exemple. On pouvait même remarquer qu'une fraction des prolétaires partout restait incertaine jusqu'après la victoire, et si cette victoire se prononçait pour ce qu'on appelait la république socialiste, ceux-ci n'hésiteraient pas. C'était là le plus grand danger de la situation : combien de fonctionnaires publics se trouvaient dans cette hésitation? leur goût, leurs sentiments étaient pour la république rouge; ils considéraient l'Assemblée comme rétrograde, réactionnaire; ils attendaient donc le succès des démocrates et ce succès n'était pas venu. Ici était la cause de ces phases si étranges que subissait la procédure des insurgés de juin.

Rien de plus étonnant que ces arrestations qui n'épargnaient ni les chefs, ni les fonctionnaires eux-mêmes. Aujourd'hui on apprenait que le commissaire de police de tel quartier avait été arrêté comme complice des insurgés que ses fonctions lui commandaient de surveiller et de réprimer ; demain c'était un chef de bataillon ou un capitaine de la garde nationale, un maire et ses adjoints. Mais la complicité la plus surprenante, celle qui produisit partout la plus vive impression, ce fut celle du commandant Constantin chef du cabinet sous le général Subervie ministre de la guerre ; il venait d'être adjoint au rapporteur du conseil de guerre, appelé à juger les insurgés lorsqu'il fut reconnu et dénoncé par les gardes nationaux et arrêté par ordre du juge d'instruction. C'est qu'au fond de ce gouvernement il y avait un mélange sensible de bon et de mauvais, d'actions légitimes et illégitimes ! Les conspirateurs de 1832 étaient au pouvoir en 1848, et parmi ceux-ci les uns étaient restés dévoués au principe d'ordre, les autres s'étaient jetés dans le désordre pour ne pas trahir leurs antécédents.

Si l'instruction était montée plus haut, elle aurait trouvé dans le pouvoir suprême assis sur quelques bancs de l'Assemblée Nationale des complicités bien autrement importantes dans l'histoire contemporaine. Mais le général Cavaignac voulait épargner les mesures de rigueur, retentissantes ; dans ce but la Commission d'enquête s'était formée parmi les Représentants ; on pouvait, par ce moyen, examiner tous les incidents délicats de ce grand drame, la part indirecte et pourtant active qu'y avaient prise quelques Représentants et jusqu'à un certain point le Gouvernement Provisoire et la Commission exécutive elle-même depuis le 15 mai. En politique il ne faut vouloir de répression que dans la mesure des nécessités, en évitant surtout un danger plus grand, celui de compromettre la valeur morale d'une Assemblée. Cette Assemblée, d'ailleurs, semblait tendre à une discipline et à une hiérarchie qui lui manquaient dans l'origine ; la première condition des majorités et des minorités est de s'organiser et de se compter ; rien de plus confus, dans l'origine (le 4 mai) que les votes et les décisions qui se prenaient à l'improviste sans se préparer d'avance ; avec le temps et la marche des faits, les Députés se connurent mieux , et deux choses furent décidées : 1° Que tous les travaux et les discussions préparatoires se feraient par comité; 2° que chaque parti aurait une réunion préparatoire : majorité, minorité, tiers-parti (les combinaisons ne changent pas), afin de prendre des résolutions d'avance sur l'élection des personnes ou sur ce qu'on appelle les votes politiques dans les questions décisives. La première mesure, très-utile pour la prompte solution des affaires, était une critique sévère des Assemblées trop nombreuses, toutes obligées de se fractionner en comités pour discuter sérieusement et utilement. Le vote ne devenait plus qu'une forme de sanction et le débat ne se prolongeait qu'une séance : plus de discussions, quelques explications à peine. Les hommes de gouvernement devaient être reconnaissants envers la République de nous avoir délivrés de deux choses : les petits ménagements en matière de coup d'État ( elle avait ordonné les scellés sur les presses, les arrestations des journalistes, les exportations en masse ), puis les trop longs débats, les éloquences de tribune. Pour obtenir tout ce que la Républi-

que avait osé en finances, en police, en pouvoir,
il aurait fallu sous la monarchie trois ou quatre
sessions, et huit jours suffisaient à la démocratie.
Les hommes d'État devaient lui en savoir gré.

Chaque réunion préparatoire dont j'ai parlé
avait un but politique afin d'imprimer une direction au Gouvernement. La première formée, rue
de Poitiers, se composait surtout d'esprits sages
qui avaient accepté la République le lendemain
comme gouvernement établi, mais qui n'en
avaient fait ni l'étude, ni la passion de leur vie,
ni encore moins son but exclusif; si bien que si
l'expérience venait à constater que ce but était
mauvais et impossible, ils ne sacrifieraient pas la
France à une idée. Au contraire, et pour éviter la
guerre civile, ils deviendraient des républicains
sincères, comme ils avaient été naguère des monarchistes sans arrière-pensée. Cette réunion, pré-
sidée par le général Baraguay-d'Hilliers, comptait
cent dix légitimistes, deux cents membres de l'ancienne gauche, ou conservateurs, puis la fraction
de républicains dont M. Sénard était l'expression.
Cette réunion qui votait comme un seul homme
avait toutes les sympathies du général Cavaignac,
et on se l'explique très-bien, parce que le dictateur,

esprit habile, savait que dans les opinions tempérées seulement, la France trouverait une solution raisonnable à la crise : aurait-on besoin de lois sévères, répressives, et même du maintien de l'état de siége, on trouverait là une majorité. Voudrait-on également inspirer confiance pour des emprunts au commerce, de sérieux rapports avec l'étranger, c'est encore la réunion de la rue de Poitiers qui en serait la cause première et la source nécessaire. Tout gouvernement raisonnable devait y trouver son appui.

La seconde de ces réunions, au Palais-Royal ou National, comptait un nombre moins grand de membres que les Députés de la rue de Poitiers ; également dévoués à l'ordre, mais plaçant la République au-dessus de toute chose, ils auraient préféré celle de MM. Barbès et Raspail à un autre gouvernement qui ne se fût pas appelé la République ; ils secondaient le général Cavaignac plus encore parce qu'il était républicain que parce qu'ils le voyaient comme un bras de force et de répression ; c'est avec douleur, par exemple, qu'ils avaient supprimé les clubs à la fin de mai ; ils le faisaient pour ne pas se compromettre avec le pouvoir, et la mission que semblait se donner plus spécialement la réunion du Palais-National c'était de sanctionner les œuvres et l'esprit du Gouvernement Provisoire et de la Commission exécutive, qu'elle défendait comme la véritable expression de la République. C'est à ce point de vue qu'elle avait les sympathies et l'appui de la troisième réunion dont j'ai parlé, et qui avait pris le nom ambitieux de Montagnards, composée d'une centaine de membres, tous silencieux depuis les affaires de juin, la mort selon eux de la République fraternelle. Là, siégeaient M. Louis Blanc, trop compromis pour être encore redouté, MM. Lagrange, Pierre Leroux et M. Caussidière lui-même, dont le règne extrême et retentissant venait de finir. On entrait dans un nouveau système d'idées; il était temps de sortir de ce carnaval sauvage qui brisait toutes les existences, et préparait la ruine générale et privée de la France. L'Assemblée comprenait la situation fatale du pays et voulait y mettre un terme sérieux.

C'est en vertu de cette idée que divers arrêtés furent pris par les autorités publiques, et plusieurs projets présentés à l'Assemblée Nationale. Par suite de l'état de siége et de la situation qu'il constituait, le général Cavaignac avait suspendu certains journaux, et mis les scellés sur les presses ; tous les clubs étaient fermés ; les visites domiciliaires et le désarmement s'étaient accomplis sans résistance, et l'on arrêtait chaque jour des individus accusés de complicité. Dans cet encombrement des prisons, il fut décidé que les poursuites auraient lieu devant les conseils de guerre contre les chefs de complots, fauteurs de guerre civile, tandis que la déportation par simple forme administrative serait appliquée aux prisonniers vulgaires pris les armes à la main.

Paris, la cité des arts, je le dis encore, ressemblait à une ville de guerre : la retraite battait avec la nuit ; la troupe, avec ses parcs d'artillerie était campée sur les boulevards et sur les places publiques ; tous les théâtres fermés donnaient un aspect de deuil et de désolation. A chaque pas on rencontrait de ces colonnes de prisonniers accompagnées de forces imposantes d'infanterie, de cavalerie : il fallait que le sentiment de l'ordre raffermi fût bien puissant pour ne pas répandre un grand intérêt sur ces malheureux que les instigations étrangères avaient si profondément corrompus. Hélas ! ce n'étaient pas les vrais coupables, ceux-là qui n'avaient suivi que les conseils et les impulsions de la presse et des clubs. Pendant quatre mois on les avait nourris dans cette idée : « Qu'ils étaient les seuls souverains ! » et quand ils avaient pris au sérieux ces paroles, on les poursuivait comme fauteurs de guerre civile : ainsi pendant les révolutions, par excès de liberté, on marche vers la dictature. On pouvait remarquer dans ces hommes des barricades un sang-froid, une insouciance de leur destinée ; sur le champ du combat, ils étaient résolus comme ils l'étaient également en captivité : quel désordre, quelle confusion dans ce pêle-mêle ! Il fallait se hâter de trouver des lieux capables de contenir sept à huit mille prisonniers, immense proie sacrifiée au repos de la société. Combien seraient plus difficiles encore les mesures de sûreté générale que les fatales journées de juin allaient commander !

Il y a certaines idées de gouvernement desquelles nul pouvoir ne peut s'écarter. La faute, la vraie culpabilité des hommes de Février, c'était d'avoir proclamé des maximes extrêmes pour égarer le peuple : ainsi liberté illimité de la presse, réunion des clubs, placards, affiches dans toutes les rues, partout et en vertu du simple droit de la Constitution. Ces étranges maximes avaient produit cette danse macabre de trois mois, cause première de la ruine et du désordre dans l'État : que de peines et de sueurs pour remonter ce torrent ! Déjà, on se le rappelle, la Commission exécutive avait sollicité et obtenu de l'Assemblé un loi très-sévère contre les attroupements ; la législation antérieure n'avait jamais rien eu de plus répressif, et il ne fallait pas s'en plaindre ; si les hommes de Février étaient en contradiction avec eux-mêmes, les esprits d'ordre étaient doublement satisfaits de cet hommage rendu à leur principe, et de cette recherche de la force dans les maximes de gouvernement toujours les mêmes. Avec un peu de souvenirs qu'aurait-on vu? dix mois après la révolution de Juillet 1830, on était revenu aux principes d'un gouvernement régulier, et trois mois après Février on les avait dépassés.

La victoire de juin 1848 accomplie, le procureur-général et le préfet de police durent prendre de concert des mesures d'ordre qu'on n'avait pas osées antérieurement, par la crainte de heurter les opinions irritées. Dans une circulaire très-raisonnée, le procureur-général déclara que les formalités et les garanties exigées de la presse par les lois antérieures, demeureraient dans toute leur force et leur rigueur : le cautionnement, le dépôt au parquet, les poursuites contre le gérant. C'était bien sans doute, mais il y avait une garantie supérieure à toutes les autres, j'entends parler du droit réservé au chef du pouvoir exécutif, de supprimer par sa propre volonté, en vertu de sa dictature, toutes feuilles qui pouvaient compromettre l'ordre public : les menaces vives et saccadées de la presse ne sont pas celles qui sont le plus à redouter ; ce qui compromet le plus le pouvoir et la société, ce sont les attaques lentes, successives, qui changent les idées et les tendances d'une situation, et calomnient la pensée publique ; un pouvoir doit plus redouter la presse hypocrite que la presse furieuse : c'est pourquoi la censure, dans des mains intelligentes, est la plus grande garantie de la société.

Ce fut encore un hommage à l'ancien système de législation que le projet présenté sur les journaux et les clubs, par le nouveau ministère : on maintenait presque toutes les précautions des lois de septembre, en substituant le mot République à l'expression de Royauté ; et ce qu'il y avait de vraiment curieux, c'est qu'on ne pouvait pas plus discuter (sous le régime de la République) le principe et la forme du Gouvernement. On revenait ainsi dans les véritables conditions de tous les pouvoirs réguliers, qui ne peuvent ni ne doivent souffrir qu'on discute leur principe. Pour les journaux, le projet exigeait un cautionnement modeste de vingt-quatre mille francs, disposition qui souleva la vive opposition des feuilles éphémères vivant de scandales. Le projet sur les clubs, emprunté à la législation anglaise, était oppressif sans être suffisant; la police ne pourrait jamais l'exécuter dans sa plénitude, et s'il n'était pas exécuté, il n'y aurait pour la société aucune garantie : ne valait-il pas mieux un simple article : «Nul club ne pourra s'établir sans la permission de la police municipale, permission qui pourra toujours être retirée. » Un gouvernement ne doit-il pas avoir toujours l'initiative des mesures qui touchent à la police et à l'ordre de la cité : depuis quand serait-il permis à un individu ou à une société d'ouvrir des chaires de doctrines et d'enseignements politiques même contre l'État ?

Au reste, dans les circonstances présentes, la plus forte, la plus considérable des garanties pour l'ordre social, c'était l'état de siége, et tant qu'il serait prolongé, Paris n'avait plus rien à craindre. On y joignit, comme complément, la formation d'une armée de Paris, s'élevant jusqu'à soixante mille hommes, votée par une loi de l'Assemblée. Le système militaire arrivait comme une réaction à cette absence de tout uniforme que les clubs avaient imposée dans leur souveraineté sauvage ; l'armée prenait sa revanche et restait maîtresse de Paris.

C'était même parmi les officiers supérieurs de cette armée qu'on allait choisir les chefs de la garde nationale : successivement furent éliminés les colonels et officiers qui n'avaient aucune des conditions éclairées, fermes de l'ordre de choses dans lequel on allait entrer. M. Clément Thomas avait donné sa démission, M. Thirion, colonel, fut également obligé de donner la sienne, et l'on élut à sa place le lieutenant-général de Bar, brave officier de l'ancienne armée ; le candidat démocratique, M. Dubochet, désigné par le *National*, eut à peine trois cents voix. Le régime militaire plaisait à Paris, alors dans une situation d'affaires déplorable; jamais décadence plus profonde que celle des transactions depuis trois mois : arts, spectacles, littérature, tout était supprimé ou tellement bas qu'il n'en était plus question. On vivait au jour le jour de ses besoins, de ses privations : manger, se vêtir était même pour le riche la seule dépense, et l'on s'explique dès-lors la souffrance des théâtres et des lieux de distraction. Tel fut peut-être le caractère spécial de cette révolution de 1848; toutes les autres avaient été accompagnées d'insouciance, d'un certain attrait pour le plaisir : on allait au théâtre en 1793; les arts continuaient à produire des chefs-d'œuvre. Cette fois tout était ennuyeux, stérile; on ne s'occupait qu'à réparer ses nippes, qu'à parler de frais, de protèts, de faillites, de plaies, de la misère, et certes ce n'était pas gai ; on s'en allait de ses séances moins avec le désir de dépenser de l'argent qu'avec le besoin de le ramasser dans sa huche et de prendre mille précautions pour ne pas en manquer.

L'Assemblée dut aussi songer au sort de l'ouvrier ; on avait fermé les ateliers nationaux, grande source de désordre; mais pouvait-on laisser les ouvriers sans ouvrage et sans ressource ? L'État vota deux sortes de mesures : l'une destinée à procurer immédiatement des secours aux travailleurs sans ouvrage par des distributions de pain et de bouillon ; l'autre ouvrait un crédit d'escompte aux divers états manouvriers et destiné à favoriser le bâtiment. Les priviléges furent ouverts à pleines mains : toute maison bâtie dans le courant de l'année 1849, eut une longue immunité d'impôts. Pour favoriser l'exportation à l'extérieur et le travail à l'intérieur, on augmenta les primes. Tous ces votes étaient donnés d'urgence ; il en fut de même du crédit accordé pour les théâtres. L'état normal de Paris, c'est la prospérité ; quand les affaires marchent, tout va d'une même impulsion ; l'argent circule à pleins bords ; quatre-vingt mille étrangers répandent leurs revenus dans les plaisirs et les fêtes. Par la révolution de février, Paris s'était exposé à de grandes privations : il n'y avait plus de cour, plus de palais, plus de fêtes ; la République est un régime austère qui commande des vertus particulières et de grandes abnégations, et Paris pouvait-il le supporter, car c'était la ville du luxe et des arts ? Artistes, ouvriers, théâtres étaient tous à l'aumône, et ce qu'on appelait une crise passagère menaçait de devenir une situation permanente, se rattachant à la nature même des institutions démocratiques. De deux choses l'une : ou les habitudes de luxe domineraient, ce ne serait plus la République ; ou la République aurait son triomphe, alors le luxe ne devait plus être qu'une anomalie dans l'état social devenu austère et régulier.

En toute hypothèse, il fallait chercher des ressources dans un vaste système financier ; les actes des quatre mois du Gouvernement Provisoire et de la Commission exécutive avaient eu pour résultat d'aventurer le trésor dans des dépenses indéfinies. Ces deux pouvoirs avaient procédé d'une singulière manière : y avait-il espérance de faire de la popularité en abolissant des taxes? tout aussitôt un décret exprimant les plus beaux motifs du monde, abolissait l'impôt régulier qui seul alimente le trésor de l'État. En même temps on prodiguait l'argent à pleines mains pour les dépenses vaines et inutiles ; jamais ressources sérieuses ne furent dévorées en moins de temps et d'une façon plus décousue ; et comme il y avait insuffisance, M. Garnier-Pagès obligeait la Banque de France à un prêt de cinquante millions sur les bons du Trésor, avec menace de lui enlever son privilége. Depuis, sans doute, les choses s'étaient régularisées, mais il était impossible qu'on évitât comme une nécessité de la situation même, l'augmentation des dépenses et l'immense amoindrissement des recettes. Chaque cause de misère avait le double résultat d'appauvrir les branches du revenu et de devenir le sujet d'une nouvelle dépense. M. Garnier-Pagès, avec la sécurité enfantine de son vaste génie, répondait du tout; on était presque sans commerce, sans navigation, sans débouché, M. Duclerc avait dressé un budget, qui le croirait? un budget balancé par quatre millions d'excédant, en y comprenant néanmoins un nouveau prêt de cent cinquante millions consenti par la Banque de France.

M. Goudchaux, plus positif en affaires, sut faire la part du vrai et du faux dans le budget. Les recettes y étaient toutes exagérées, certain impôt porté au double de son produit. Il en résultait pour le nouveau ministre des finances la conviction, 1° qu'il y aurait encore un budget de plus de de quinze cent millions pour 1848 (dans la République); 2° que les recettes habituelles offriraient un déficit de plus de cent cinquante millions, tous impôts conservés; 3° que les nouveaux impôts même ne produiraient pas un tiers de leurs revenus évalués; 4° enfin qu'on ne pouvait équilibrer tout cela que par un nouvel emprunt. Cet emprunt exigeait la création de nouvelles rentes indépendantes des deux cent millions demandés à la Banque. On avait créé du trois pour cent pour les bons du Trésor, du cinq pour cent pour la caisse d'épargne, et maintenant le ministre demandait la constitution de treize millions de rentes cinq pour cent, destinés aux besoins des services. Le crédit allait-il le seconder dans cette tentative d'ordre et de sécurité pour les finances? M. Garnier-Pagès avait eu la vanité de se passer de banquiers, comme toute l'école socialiste, ils les croyaient les loups cerviers d'argent, vieux mot de la langue révolutionnaire, et il s'était fait l'apôtre ardent de ce système du crédit d'État soutenu par des comptoirs particuliers centralisés au Trésor. M. Goudchaux, avec des idées plus pratiques, savait que rien ne coûte moins que les intermédiaires lorsque la confiance s'établit; qu'eux seuls pouvaient, par des moyens simples et naturels, procurer d'abondantes ressources sans qu'il en résultât ni secousse ni gêne. Sur cette base avait été établi son nouvel emprunt dans lequel pouvaient entrer les porteurs des certificats de l'ancien emprunt Rotschild.

Au demeurant, la situation était meilleure depuis la grande crise du 25 juin; l'administration était plus rassurée, l'ordre matériel plus profondément établi ; il y avait tendance vers une forte et bonne hiérarchie! Tant il est vrai que l'unité du pouvoir est ce qui convient aux Français. Qu'importe que l'état de siége constituât la dictature militaire ; les mots ne sont rien lorsque les résultats sont favorables à un pays. Il y a des époques et des circonstances où le pouvoir militaire est le seul légitime, parce qu'il est le seul protecteur. Autant les actes et l'allure du Gouvernement Provisoire nous abaissaient aux yeux de l'Europe, autant la dictature de l'armée allait nous donner de l'ascendant et de l'importance. C'est par ce côté que nous avions toujours brillé ; l'armée était notre beau refuge de nation, et c'est par elle que nous pouvions nous relever dans l'estime du monde.

La victoire que l'armée venait de remporter dans les rues de Paris ne nous était pas exclusivement profitable, elle s'étendait à tous les gouvernements, à tous les peuples aux prises avec les mêmes difficultés. Supposez la multitude victorieuse à Paris, quel contre-coup dans la famille européenne ? je ne parle pas seulement du danger des couronnes ou des difficultés nouvelles pour les gouvernements, j'élargis la question jusqu'à la société bourgeoise ; elle était dominante encore en Europe, et la victoire de la garde nationale, de l'armée à Paris, lui donnait le pouvoir à Vienne, à Berlin, tandis que sa défaite l'eût jetée aux mains des prolétaires. Si donc le chef du pouvoir exécutif désignait pour représenter la France de braves soldats comme lui ou des hommes considérables qui viendraient lui prêter leur concours, la cause de la France à l'extérieur allait grandir de toute la hauteur de la victoire de Paris. Le parti démocratique commit donc une grande faute en s'épuisant dans la guerre civile. Il aidait ainsi la forte réaction de l'Europe contre le désordre et la révolution.

# CHAPITRE TROISIÈME.



Il faut reporter au mois juin 1848 l'époque où
la démocratie se croyant à peu près maîtresse du
terrain, tente de se séparer de l'opinion bourgeoise
dévouée à la monarchie constitutionnelle, pour essayer la République en Italie, en Allemagne. C'est la
période décisive dont la royauté profite habilement
pour se rattacher la classe moyenne, craintive et
profondément terrifiée d'une révolution qui menace
même la propriété. A ce point de vue les journées
de juin, cette victoire de l'ordre sur l'anarchie,
devaient seconder la force des pouvoirs réguliers
en Europe. Je vais suivre avec quelque attention la
situation respective des États qui avaient subi l'empire des idées démagogiques.

Dans l'Italie du nord, Milan dépendait toujours
d'un Gouvernement Provisoire, médiocre, turbu-

lent et divisé : si une partie de cette Commission extraordinaire acceptait la souveraineté du roi Charles-Albert, la majorité ne voulait se servir de *l'épée d'Italie* que pour se débarrasser des Autrichiens, et une fois ce danger vaincu, les agitateurs seraient revenus à leur projet d'une grande démocratie italienne. La Lombardie était le centre et le refuge de tous les révolutionnaires allemands, polonais qui, de la Suisse et du Piémont étaient accourus dans son sein; ceux-ci formaient un corps à part, auxiliaire et surveillant de l'armée piémontaise pour lui inculquer les principes d'anarchie et lui faire oublier les lois de la discipline. Pour eux, il s'agissait moins de vaincre les Autrichiens que de proclamer les principes ardents de leur catéchisme politique, aidés en cela par les agents français de M. Bastide. Cet étrange secrétaire d'État des affaires extérieures, dévoué à l'esprit des révolutions, n'avait de promesses et d'encouragements que pour les républicains, et à Paris il recevait l'envoyé du Gouvernemet Provisoire lombard, comme le représentant d'un pouvoir régulier.

Tout pourtant dépendait des opérations militaires du roi Charles-Albert. On a vu que les Piémontais avaient envahi les plaines de la Lombardie; leurs têtes de colonnes s'étaient portées sur Peschiera, dont elles avaient fait le siége : cette petite place une fois rendue par capitulation, les Piémontais espéraient de ce point militaire, jeter des émissaires dans le Tyrol italien, pour y semer l'insurrection. Les Suisses, les Lombards prendraient le Tyrol par les hautes montagnes, les Piémontais par le lac de Garda ; il n'y avait pas d'espérances illimitées qu'on ne se fît alors sur l'avenir de la jeune Italie, sans remarquer qu'il fallait vaincre avant tout l'armée autrichienne, et la débusquer de l'admirable position qu'elle avait prise, appuyée sur Mantoue et Véronne.

Ce qu'on n'explique pas, c'est que les généraux piémontais et lombards n'aient rien su du mouvement en avant qui se préparait dans l'armée autrichienne, et qu'ils aient été surpris par ces colonnes profondes que le feld maréchal Radetzki conduisit avec son expérience et sa vieille bravoure. Il fallait de la folie pour croire qu'on était maître du Milanais sans les fortes places de Mantoue et de Véronne. Jamais on ne vit une marche aussi rapide dans les plaines de la Lombardie et une fuite aussi prompte; si l'on se battit avec bravoure, pas un seul moment le terrain de bataille ne fut disputé sérieusement, et huit jours après les Autrichiens étaient sur le Pô et dominant le Piémont. Le parti révolutionnaire, ingrat envers Charles-Albert, avait menacé sa vie dans Milan; il fallut l'arrivée du feld maréchal Radetzki pour mettre un terme à l'anarchie qui dévorait la cité. Par un article de la capitulation, tout individu avait deux jours pour abandonner la ville : de là était résultée une émigration considérable vers le Piémont et la Suisse, source nouvelle d'agitation et de troubles publics pour ces contrées ! Si de Milan par Plaisance, le feld maréchal Radetzki avait voulu marcher sur Turin, il l'aurait pu alors; mais une telle résolution aurait amené un ébranlement général en Europe, et il fallait l'éviter.

Cette vigoureuse initiative du feld maréchal Radetzki jeta la consternation dans le parti des agitateurs. Il est à remarquer que ce parti vit surtout de fausses nouvelles, de bruits mensongers ou exagérés : lorsque la vérité fut connue, elle produisit d'autant plus de terreurs dans les âmes, que c'était pour beaucoup un triste réveil; les Autrichiens pouvaient marcher sur Turin et le marquis de Ricci fut alors envoyé à Paris pour demander l'intervention de la France. Jusqu'ici le

cabinet de Turin avait hésité à solliciter le concours d'une armée française, et l'on se l'explique
par la crainte de l'agitation fébrile que la vue du
drapeau républicain pouvait produire dans le Piémont. Cette fois les considérations cédèrent devant
la nécessité d'une grande défense, et l'intervention
militaire fut demandée sur une large échelle.

Au moment où le marquis de Ricci fut envoyé à
Paris, le général Cavaignac, chef du pouvoir exécutif, possédait la toute-puissante dictature, et
M. Bastide conservait sous lui le département des
affaires extérieures. La politique de la France
avait été résumée par l'étrange manifeste de M. de
Lamartine et l'exposé tout récent qu'il avait fait
devant l'Assemblée Constituante ; de ces principes résultait nécessairement le *casus federis* ,
car les deux circonstances prévues s'y rencon-
traient : un peuple libre, allié de la République,
demandait son secours : « sous les feux de son admirable rayonnement. » ( Ainsi avait parlé M. de Lamartine). Ensuite l'indépendance de ce peuple était
menacée par une puissance étrangère, cas également prévu par le manifeste diplomatique de cet
esprit brillant et vide. On doit concevoir l'embarras de M. Bastide, lui si républicain, si profondé-

ment lié avec le parti démocratique de la jeune Italie : allait-il refuser l'appui que la démocratie demandait pour sa chère République lombarde?

La demande d'intervention était formelle et le général Cavaignac dut examiner sérieusement la position intérieure et extérieure, sans s'arrêter aux promesses aventureuses du manifeste de M. de Lamartine. Par suite des événements de Paris, deux divisions de l'armée des Alpes étaient détachées à l'intérieur pour la répression des grandes émeutes, et ce n'était pas avec vingt mille hommes qu'on pouvait hasarder une expédition en Italie : il fallait en même temps une dépense de quarante millions pour la seule mise en campagne, et où la trouver dans l'état de pénurie des finances? Au point de vue extérieur, la question devenait encore plus grave : une expédition en Italie, dirigée contre l'Autriche, c'était la guerre, non pas avec une seule puissance, mais avec toutes, y compris l'Allemagne et la Russie. Lord Palmerston, consulté lui-même, fit comprendre que l'Angleterre ne pourrait voir, sans une certaine inquiétude, une armée française en Italie, et que dans cette voie non-seulement il ne suivrait pas le général Cavaignac, mais qu'il se réservait toute résolution subséquente : n'y avait-il pas un terme moyen à prendre dans cette alternative?

Ce fut alors que lord Palmerston suggéra l'idée mixte d'une médiation diplomatique offerte à l'Autriche et au Piémont, pour arrêter la marche des armées impériales, et avec cette médiation une trève immédiate et militaire, avec délimitation de frontières. Ce terme moyen avait l'immense avantage de laisser la question entière et de n'engager aucune volonté pour l'avenir, car une médiation appelait la nécessité d'une négociation, et c'était un avenir sans limites. C'est ainsi que raisonnait l'Angleterre, dont toute la volonté était d'empêcher quelques-unes de ces résolutions subites de la *furia francese* qui pouvaient compromettre la paix du monde. Il ne s'agissait plus maintenant que de faire accepter la trève militaire au feld maréchal Radetzki et la médiation au cabinet de Vienne ; l'Angleterre s'en chargea, parce qu'elle voulait rester maîtresse de la négociation ; elle prit pour prétexte ses vieux liens avec l'Autriche et la nouveauté diplomatique du gouvernement français. Par le fait elle était aise de dire son dernier mot au cabinet de Vienne.

Quoique le feld maréchal Radetzki fût dans

toute la gloire de son succès, il ne devait pas refuser une trêve ou armistice, soit pour recevoir les renforts du Tyrol et de la Croatie, soit parce que maître de tout le territoire Lombardo-Vénitien, il n'avait nulle volonté de franchir la frontière pour se tenir aux succès. Lorsque lord Abercomby, ministre d'Angleterre, et l'envoyé de France se présentèrent au camp autrichien, le feld maréchal les accueillit avec un grand empressement, et se montra tout disposé à une trêve qui laisserait à l'armée autrichienne tout le territoire que les traités assuraient à Sa Majesté Impériale. C'est dans ce sens que fut conclue la trêve : les Piémontais durent abandonner Peschiera avec l'artillerie, la flotte dut rentrer dans le port de Gênes et ne plus porter secours à Venise par mer, livrant ainsi la vieille République à la souveraineté impériale. Un terme était fixé à cette trêve qui n'engageait nullement la question politique.

A Vienne on acceptait sans difficulté la médiation, par le même motif. Le cabinet autrichien est le plus habile à temporiser ; il attend tout des circonstances ; il cède et ploie, mais il va toujours à ses desseins : une médiation acceptée n'engageait à rien, lorsque surtout le *statu quo* était favorable à la puissance militaire de l'Autriche, car le Milanais était entre ses mains. Il n'y a pas de question plus complexe que celle d'une médiation : pour quel temps et dans quels termes serait-elle posée? quelles seraient les parties stipulantes, et comment se régleraient les formes de la médiation? On devait aussi fixer le lieu, choisir et accepter les négociateurs, et tous ces accidents demanderaient des mois entiers, pendant lesquels on préparait la fortune des armes. On montra donc un très-grand empressement à Vienne sur l'offre de médiation qui fut acceptée et annoncée avec ostentation à Paris ; le général Cavaignac et M. Bastide crurent la cause de l'Italie gagnée ; l'un et l'autre très-peu expérimentés dans les affaires diplomatiques, s'imaginèrent qu'ils allaient poser librement les idées françaises dans les négociations. Là était l'erreur de leur manque d'esprit et d'habitude.

L'idée française, ou pour parler plus exactement l'opinion républicaine était que la Lombardie devait cesser d'appartenir à la maison d'Autriche pour former une souveraineté à part, selon les vœux de la jeune Italie, ou une annexe au royaume de Charles-Albert, d'après l'opinion du parti modéré. Ni l'une ni l'autre de ces deux hypothè-

ses ne pouvait être admise par l'Autriche victorieuse et qui reprenait la possession absolue de ses
États d'Italie. L'illusion naïve de M. le général Cavaignac et de M. Bastide était de croire qu'il ne
sagissait plus de discuter que deux points avec
l'Autriche, la ligne de démarcation ; serait-ce l'A-
dige ou le Mincio ? et l'indemnité pécuniaire, c'est-
à-dire la portion de la dette que le Milanais prendrait à sa charge. Jamais le cabinet de Vienne
n'accepterait de telles conditions sans une guerre
malheureuse et deux ou trois grandes batailles
perdues. Si M. le général Cavaignac croyait avoir
le concours de l'Angleterre dans la conduite qu'il
s'était tracée, il se trompait encore ; l'Angleterre
ne se séparerait pas de l'Autriche dans la question
des traités de 1815, base du droit public européen. L'espérance républicaine était donc complétement erronée en ce qui touchait le royaume
Lombardo-Vénitien que le cabinet de Vienne voulait conserver dans son intégrité. Pour lui la médiation ne pouvait s'étendre au-delà d'un traité de
paix particulier entre l'Autriche et le Piémont. Sur
ce point exclusivement on admettait les bons offices de la France et de l'Angleterre.

Ce qu'il y avait de bizarre, de contradictoire et

de simple dans cette diplomatie de M. Bastide, c'est qu'au moment où l'on faisait des propositions se-crètes à l'Autriche, il recevait un député de Ve-nise, M. Amalphi, c'est-à-dire un rebelle aux yeux du cabinet de Vienne. Ces sortes de contradictions rendaient impossible toute politique sérieuse et de bonne tenue vis-à-vis les cours de l'Europe; la République française qui tendait une main amie à toutes les rebellions, avait aussi des projets illimités à l'égard de Venise. Le parti démocratique voulait constituer une grande République sur les lagunes : comment cet État aurait-il vécu, dans quelle condition aurait-il développé son impor-tance commerciale? L'Allemagne pour qui Venise était un grand port, l'aurait-elle détachée de sa ceinture territoriale ? Venise proclamée Républi-que, que devenait Trieste? En diplomatie, c'est une faute que de poursuivre des projets dont la réalité est impossible. L'Autriche patientait; sa position était actuellement trop embarrassée pour s'étonner de rien, ou au moins pour montrer qu'elle était irritée. Nul cabinet ne sait mieux se contenir et se souvenir.

Les desseins de la jeune Italie alors sont uni-formes et s'appliquent indistinctement à toutes les souverainetés ; elle veut les entraîner à une prise d'armes contre l'Autriche, ce qui était une des résolutions les plus graves parce qu'en cas de victoire c'était la propagande républicaine qui triomphait contre les gouvernements réguliers, et en cas de défaite c'étaient les armées autrichiennes qu'on appelait sur des territoires jusqu'ici neutres et respectés. Le grand duc de Toscane issu de la maison d'Autriche avait fait toutes sortes de concessions aux idées libérales ; on avait exigé de lui la transformation de sa puissance paternelle dans les conditions du régime représentatif.

Ce n'était pas tout ; la Toscane pays de tolérance et d'abandon avait recueilli les réfugiés de tous les coins de l'Italie, et avec eux des Polonais, des Allemands qui poussaient à la démocratie universelle. En espérant ce résultat, ce qu'ils voulaient alors c'était la guerre contre l'Autriche ; par ce moyen on brouillait les branches diverses de la maison de Lorraine. La Toscane, sauf Livourne cité pleine d'étrangers, n'entrait pas précisément dans ces idées de démocratie et de guerre ; en temps de révolutions ce n'est jamais la bourgeoisie qui fait la loi, mais une poignée d'esprits actifs et ardents, et ceux-ci la poussaient à la démocratie et à la guerre. Le grand duc et sa famille subissaient momentanément les dures lois de la nécessité. Le cabinet de Vienne leur disait : « Faites toute concession et lorsque la mesure sera comble vous abandonnerez la Toscane pour chercher un asile au milieu de l'armée autrichienne. » Rien n'embarrasse plus les révolutions que de les laisser libres dans leur impuissance et dans leurs excès.

Cette même situation se produisait à Rome où le pape Pie IX luttait contre la faction démocratique : on se rappelle les éloges que tout le parti révolutionnaire avait donnés au vénérable Pontife qui sans arrière-pensée, par un élan spontané avait imprimé le premier mouvement libéral en Italie. Maintenant devenu pour ainsi dire maître de la situation, ce parti attaquait ouvertement le pouvoir de Pie IX, commençant à établir la distinction entre l'autorité temporelle et spirituelle, au moyen de quoi on devait saper le gouvernement pontifical. Pie IX franchement dévoué aux institutions constitutionnelles, exécutait la Charte qu'il avait concédée à ses peuples, et dans cette pensée il plaçait à la tête de son ministère, le comte Rossi ancien ambassadeur de France, le même qui, au nom de M. Guizot avait conseillé au Pape de donner aux États romains une forme d'institution représentative. La capacité incontestée du comte Rossi faisait ombrage à la conspiration et à la force révolutionnaire.

Alors on vit à Rome se développer la même tactique qu'à Florence et dans le Piémont; le parti démocratique n'eut qu'une pensée : forcer la main au Saint-Père pour le contraindre à déclarer la guerre à l'Autriche; résolution d'autant plus périlleuse que les Autrichiens pour montrer leur puissance, avaient sur deux points menacé les Légations romaines, à Ferrare et à Bologne; on avait en vain exagéré la résistance des Italiens, il était évident pour tous que l'armée autrichienne pouvait marcher sur Rome. Ces considérations n'arrêtaient pas le parti démocratique qui voulait tout hasarder pour le triomphe de ses principes; résolu à tout prix de pousser le Saint-Père à la guerre : car on espérait alors soulever toute l'Italie sous l'influence de l'esprit des croisades. Pie IX s'y refusa : « A moins, dit-il, que les Autrichiens ne fissent invasion dans ses États. » Cette résistance suscitait le plus grand mécontentement au sein du parti démocratique qui décida dès lors de se débarrasser du comte Rossi, et de corrompre les troupes. Les idées d'une République romaine appuyée sur le Capitole agitèrent quelques cerveaux ardents ; le Pape ne devait plus être que l'évêque de Rome ; le spirituel devait être séparé du temporel, et dans les clubs, ces principes agitateurs étaient soutenus par quelques orateurs de place publique. Bientôt une sédition devait commencer par l'assassinat et se couronner par l'oppression et la déchéance du Pontife, naguère l'idole encensée par tout le parti révolutionnaire : ainsi procèdent toujours les grands bouleversements politiques, les autels de la veille sont brisés le lendemain.

Avec combien plus de fermeté et de tenue avait agi le roi Ferdinand de Bourbon à Naples. Engagé avec loyauté dans les voies libérales il s'était arrêté au moment où l'esprit de désordre l'avait attaqué sans mesure ; le roi de Naples avait fait un appel à la force des armes ; elles s'étaient prononcées pour lui et alors persévérant dans sa volonté il avait résolu une expédition en Sicile ; l'armée si bien exercée par le prince était prête, la flotte nombreuse et bien armée se disposait à prendre la haute mer lorsqu'une complication surgit tout-à-coup ; ce fut l'intervention simultanée de la

France et de l'Angleterre dans le conflit soulevé entre Naples et la Sicile.

A prendre la question au point de vue des traités et du droit public, on pouvait justement se demander s'il ne s'agissait pas d'une question internationale entre le roi de Naples et ses sujets siciliens : dès lors de quoi avaient à se mêler l'Angleterre et la France dans cette intervention sur la question sicilienne ? Le cabinet de Londres insistait spécialement parce qu'il avait un intérêt commercial et que la séparation de Naples et de la Sicile était un des grands désirs de la politique anglaise ; lord Palmerston se trouvait complétement satisfait d'avoir le concours de la France pour aider les intérêts de son système. A cette époque il suffisait qu'on parlât à M. Bastide de la possibilité d'établir une République pour qu'il tombât dans une sorte de ravissement : démocratie, Gouvernement Provisoire lui tournait la tête et les Députés siciliens accouraient autour de lui pour demander le concours de la France dans une œuvre immense d'émancipation. Il y avait en présence deux partis, on pouvait dire trois même : l'un qui ne voulait qu'une séparation constitutionnelle de Naples et de la Sicile avec un vice-roi ; l'Angleterre poussait à ce système parce qu'elle espérait cette vice-royauté pour le prince de Capoue, marié à une miss voyageuse, le vassal de son système; la Sicile serait alors devenue une colonie anglaise comme la République des sept îles sous le lord commissaire.

Le second système voulait pour la Sicile une royauté tout-à-fait séparée de Naples sous un prince pris en dehors de la famille des Bourbons, et l'on désignait un fils du roi Charles-Albert. A cette résolution s'était arrêté le Parlement sicilien, pouvoir moitié royaliste et moitié révolutionnaire qui suivait ainsi des inspirations contradictoires. Le roi Charles-Albert avait refusé pour son fils une couronne si fragile et si injustement usurpée, et n'en était-il pas aux regrets déjà d'avoir envahi sans motifs le royaume Lombardo-Vénitien ? avait-il même apaisé par cette invasion inattendue le parti révolutionnaire implacable ! la démocratie du Piémont ne conspirait-elle pas ouvertement contre lui pour lui substituer la République? Le roi Charles-Albert ne voulait pas se rendre odieux à l'Europe entière en servant toujours de complice à l'esprit des révolutions.

Le troisième système c'était la République

sous le Parlement sicilien, et telle se trouvait être la pensée secrète de M. Bastide. Mais depuis le gouvernement du général Cavaignac, la politique extérieure s'était un peu modifiée; le dictateur avait compris que pour maintenir la paix, il fallait bien moins suivre la réalisation de certaines utopies en Europe, qu'adopter un système d'application pratique : or dans l'affaire sicilienne il avait accepté sans hésitation et avec loyauté la pensée anglaise d'une vice-royauté appuyée sur un Parlement séparé et une armée également nationale. Dans cette pensée commune les deux gouvernements de France et d'Angleterre offrirent leur médiation au roi Ferdinand de Naples, au moment décisif où par un vigoureux effort, le roi venait de comprimer l'esprit révolutionnaire dans ses États du continent. Néanmoins pour montrer sa condescendance, le roi accepta les bons offices des deux gouvernements, pourvu que les bases de la médiation fussent raisonnables et sérieusement acceptées par les insurgés siciliens.

Dans cette négociation, le roi de Naples se réservait le développement de ses moyens répressifs au cas où les concessions qu'il ferait lui-même ne seraient pas acceptées. L'attitude du roi Ferdinand de Bourbon fut très-ferme ; il ne fit aucune attention aux injures que les journaux révolutionnaires lui prodiguaient ; il résista avec une grande dignité aux injonctions du ministre anglais et aux notes de M. Bastide ; déclarant aux deux puissances qu'il préférait la guerre à une situation indigne de lui-même. Sans s'arrêter aux démonstrations des deux escadres de France et d'Angleterre, il continua ses préparatifs d'hostilité contre les Siciliens ; l'armée fut portée à soixante mille hommes, l'escadre à trois vaisseaux de ligne et à neuf frégates et l'ambassade napolitaine à Londres eut ordre de déclarer à lord Palmerston « que tout acte d'hostilité contre l'expédition de Sicile serait un cas de guerre, et que dans cette nouvelle position Naples ne se trouverait pas seule dans la lutte. La Russie et l'Autriche prendraient fait et cause ; le pavillon russe se joindrait à l'escadre napolitaine. »

Pour mettre le droit de son côté le roi Ferdinand faisait aux Siciliens toutes les offres de concessions compatibles avec les priviléges de sa couronne et l'opinion de ses sujets de Naples. Ce n'était qu'au cas de refus qu'une expédition devait se diriger vers les villes rebelles, Messine, Palerme et en finir avec l'esprit révolutionnaire

qui opprimait les véritables populations : espérer
la transformation de ce peuple de Lazzaroni, c'é-
tait ne pas connaître les croyances, les traditions, les habitudes paresseuses de toute une
race : à chaque climat ses lois; il n'y avait en
Sicile qu'une surface de population étrangère qui
pouvait désirer quelque changement; on espérait
l'appui de la France et de l'Angleterre, et ces
cabinets ne se mettraient jamais en hostilité avec
la Russie et l'Autriche qui soutenaient le roi de
Naples ouvertement. De là l'inertie brouillonne et
parleuse des deux flottes française et anglaise en
présence des préparatifs continus du roi de Naples
pour une expédition en Sicile.

Il paraissait donc y avoir une entente parfaite
entre la France et l'Angleterre sur toutes les questions diplomatiques; le nouveau gouvernement
républicain semblait heureux de se placer sous la
vieille expérience de la diplomatie britannique.
Cependant telle était la singulière position que la
révolution de Février avait faite à la France, qu'on
se réjouissait à Paris des embarras révolutionnaires surgis tout-à-coup en Angleterre et en Irlande;
on se rappelle la grande menace des chartistes, avec
quelle joie les amis de la nouvelle République

avaient salué la démonstration qui devait renverser le gouvernement de la reine. Ce complot avait avorté d'une façon ridicule ; mais les révolutionnaires de Paris comptaient cette fois sur les misères de l'Irlande et sur d'autres tentatives insurrectionnelles préparées par O'Brien. Ainsi, la démocratie française qui se mettait à la suite de l'Angleterre pour les questions de l'extérieur, voyait avec une joie à peine dissimulée les embarras intimes du gouvernement de la reine. Des mesures sévères furent immédiatement prises ; l'Irlande fut placée dans une sorte d'état de siége avec le gouvernement militaire le plus ferme, le plus vigoureux. Les rebelles furent dispersés, arrêtés ; on avait dit qu'on n'oserait pas faire le procès d'O'Brien et de ses complices dans la crainte de soulever la population entière de l'Irlande ; le procès fut fait et la sentence de mort prononcée par le verdict du jury. On vit encore une fois l'accomplissement de cette vérité pratique : « Qu'un gouvernement habile et fort peut ce qu'il veut. »

Pour être juste, il faut avouer que l'état de siége de Paris servait admirablement les desseins de l'Angleterre et de l'Europe. La vigoureuse répression commandée par le général Cavaignac, les coups de canon à mitraille, la déportation en masse, œuvre de la République, donnaient un blanc-seing aux monarchies pour réprimer les sujets rebelles ; et certes, nul gouvernement n'osa faire ce que le général Cavaignac et les républicains politiques avaient fait à Paris. Il y eut en Irlande très-peu de condamnations capitales, toutes commuées en des déportations ; le conseil s'occupa bien plus de prévenir que de comprimer. Les wighs étaient dans une position très-délicate à l'égard du double parti tory et radical ; ils ne pouvaient ouvertement se séparer ni des uns ni des autres. Les torys étaient aises de laisser à leurs adversaires la responsabilité toute entière de la situation politique ; le mouvement de l'Europe ne leur paraissait pas assez avancé pour aboutir ; ils se préparaient lentement à une ère nouvelle et inévitable. Le prince de Metternich était à Londres, et c'est de sa longue expérience qu'on prenait conseil pour s'informer de la situation générale de l'Europe ; le prince répondait par des paroles de patience et de temporisation, l'esprit de sa diplomatie : « Il ne fallait rien brusquer, afin que l'Allemagne se fatiguât spontanément de tout esprit de révolution. » M. de Metternich considérait la bourgeoisie comme un ins-

trument auquel il fallait enlever son caractère offensif : « Le faux esprit de la classe moyenne avait
rendu la situation difficile et le péril grand ; il
fallait lui laisser porter la peine de sa faute, et
quand elle se serait un peu corrigée, à l'aspect de
la perversité révolutionnaire, alors la restauration
désirée se ferait toute seule ; jusque-là, il fallait
temporiser. » Ces conseils, M. de Metternich les
envoyait à Vienne, comme il les donnait à Londres à ses amis du parti tory.

Les bulletins des victoires du maréchal Radetski
qui avaient trouvé l'empereur Ferdinand à Inspruck, rendaient quelque assurance à la politique
suivie depuis trois mois. L'empereur pouvait compter désormais sur une armée fidèle et dévouée,
triomphante surtout ; dans quelques marches elle
pouvait soutenir sa cause. A Inspruck, le conseil
impérial avait incessamment à délibérer sur les de-
mandes répétées de la bourgeoisie de Vienne qui
rappelait avec insistance son souverain ; elle avait
une si grande habitude de saluer cette honnête
et douce famille régnante, soit au Graben, soit
à Schœnbrün, qu'elle ne pouvait se faire à un
veuvage fort onéreux pour elle : les boutiques
ouvraient et fermaient sans vente, tout luxe avait

disparu. Le parti démocratique avait un autre but en demandant avec instance le souverain ; s'il cédait à ses vœux, on aurait un otage à Vienne, une signature légale qui viendrait sanctionner toutes les résolutions révolutionnaires. Si au contraire l'empereur refusait, il y aurait un motif pour faire prononcer la déchéance. Les révolutions ne varient pas beaucoup leurs moyens ; ce que la démocratie avait osé en France de 1789 à 1794, elle allait l'essayer partout en Europe.

Le parti agitateur se composait à Vienne des éléments dont j'ai parlé déjà : des réfugiés polonais, allemands de toutes les provinces, des Français professeurs de barricades ; de quelques rhéteurs d'Université, d'une certaine masse d'ouvriers de Vienne et de ses environs, tout-à-fait oisifs depuis les agitations publiques, enfin de ces compagnies d'étudiants universitaires dramatiquement costumés, émeutiers pédants, classiques, grecs et romains, comparses du théâtre révolutionnaire, qui avec leur polonaise à brandebourgs, leur bonnet à la Faust, leur carabine de Robin-des-Bois en bandoulière, se croyaient appelés à régenter le monde. Tous ces éléments étaient assez forts à Vienne pour dominer la classe bourgeoise et formuler avec toute licence le système de gouvernement qui leur conviendrait ; il y avait des républicains en minorité encore, mais qui par leur audace entraîneraient les timides et les incertains. A cet effet, de toutes les parties de l'Allemagne étaient accourus les démocrates les plus hardis et avec leur appui un coup de main fut résolu pour s'emparer du pouvoir. Une révolte éclata dans Vienne avec une telle fureur qu'il y eut des crimes et des assassinats odieux : de vieux généraux tombèrent frappés de mort, ce qui indigna l'armée ; s'il y eut quelques défections dans ses rangs, la majorité resta fidèle au drapeau. Vienne démocratisée resta donc livrée à elle-même, à ses chefs audacieux.

Ces chefs n'avaient pas mesuré les dangers de leur propre situation. Sur les ordres de l'empereur, le ban Jellachich était parti des extrémités de la Hongrie à la tête d'une armée puissante en courage et en dévouement qui comprenait l'élite des régiments de Croatie et de ce qu'on appelait les bataillons frontières ; à travers les provinces hongroises, ils s'avançaient à marches forcées sur Vienne livrée aux anarchistes ; d'un autre côté, le feld maréchal Windisgraëtz, à la tête des Bohémiens, si admirables artilleurs, marchait sur la capitale, et c'est pour encourager ce double mouvement que l'empereur Ferdinand était venu résider à Olmutz, que le chemin de fer lie à Vienne. Bientôt cette capitale insurgée se trouve cernée, enlacée sous un cercle de feu, de bombes, de mitraille. Au-dedans l'anarchie, le gouvernement de quelques fous et de pillards, au-dehors deux armées impatientes de venger l'assassinat de leurs généraux aimés et estimés.

La défense fut longue et résolue. Il était impossible de nier le courage des réfugiés, des étudiants qui voulaient combattre jusqu'à la mort ; on proposa des capitulations diverses ; elles furent repoussées par les deux généraux de l'armée impériale ; le canon retentissait de nouveau et les troupes du ban et du feld maréchal Windisgraëtz entrèrent à Vienne pour ainsi dire de force. Tout fut imité à peu près de ce qui s'était passé à Paris. La ville fut mise en état de siége, des conseils de guerre établis en permanence. On prononça dés sentences de mort et d'exil : le parti républicain en France se trouva très-embarrassé en face de ces événements ; car les armées monarchiques agissaient avec moins de violences militaires que le général Cavaignac à Paris. Il y eut des exils, quelques peines de forteresse pour les principaux ; on réserva la mort pour ceux qui avaient pris part à des assassinats d'officiers-généraux , comme pour les misérables qui avaient porté une main homicide sur le général de Bréa et ses aides-de-camp.

Le Piémont vaincu, il ne resta donc plus flagrante pour l'Autriche, que la question hongroise difficile et compliquée : durant tout le siége de Vienne, les révolutionnaires de cette capitale avaient compté sur le concours des Hongrois ; on les annonçait même chaque jour pour soutenir la force morale de l'insurrection armée. Les Hongrois n'étaient point arrivés en force, et cela tenait moins à l'impuissance d'arrêter le ban Jellachich , qu'aux vieilles jalousies qui les séparaient des Autrichiens, et aux divisions intérieures entre les Maggyars. Comme au sein de toutes les nationalités qui composaient la monarchie autrichienne, il y avait d'abord une bourgeoisie fort dévouée à la couronne, et corrompue par de fausses idées ; une noblesse nationale et hostile à un ministre exclusivement autrichien ; ces deux fractions étaient bien loin de vouloir briser le trône de Ferdinand. Un dernier parti, lié aux sociétés secrètes allemandes et italiennes, voulait une République hongroise, utopie bien difficile à réaliser ; ce parti aurait tout sacrifié au plaisir d'intituler quelques actes : *République hongroise.* Il y a des mots qui font palpiter les cœurs : il ne faut pas en vouloir aux hommes, c'est le résultat de l'éducation, et de la prière du soir au matin qu'on adresse à Dieu pour le triomphe d'une idée ardente et caressée.

La grande difficulté pour le cabinet de Vienne dans cette question hongroise, c'était de concilier les intérêts hostiles des deux races maggyares et croates. Il était impossible d'oublier que le ban Jellachich venait de sauver Vienne avec ses Croates et ses manteaux rouges ; au dévouement à l'empereur venait se joindre un intérêt de race : les Croates voulaient une administration séparée des Hongrois, et pouvait-on la leur refuser au moment où seuls, ils avaient rendu tant de services à leur souverain? Mais en leur faisant cette concession, la cour de Vienne s'aliénait l'orateur Kossuth et les principaux chefs de la Hongrie. Ceux-ci n'avaient pas rompu encore avec l'empereur ; loin de là ils avaient voté des forces pour le recrutement de l'armée d'Italie sous le feld maréchal Radetzki. Ce n'est qu'au moment où le parti Croate domine à Vienne, que les Maggyars s'insurgent en se séparant tout-à-fait de la couronne impériale. Dans cette période la guerre change de nature, et la Hongrie va devenir le danger réel de la monarchie autrichienne, parce que la direction du pouvoir doit tomber nécessairement aux mains du parti extrême et que l'idée de République hongroise surgira de cette rupture.

La lutte contre la Hongrie devenait le grand souci de l'Autriche, tandis qu'à Berlin d'autres dangers menaçaient la couronne. On peut dire que cette capitale était devenue le séjour de prédilection de tout le parti révolutionnaire allemand. L'indulgence philosophique du roi, le désir immodéré de se montrer libéral, lui avait fait tolérer une grande licence d'opinions, et les clubs en permanence annonçaient la prochaine démonstration de l'Allemagne ; depuis un mois l'agitation était à son comble ; il y a dans les opinions des intimités électriques qui s'infiltrent ; alors que les ateliers nationaux préparaient leur prise d'armes à Paris au mois de juin, les clubs de Berlin fourbissaient leurs arquebuses pour attaquer le pouvoir royal. Peu leur importaient les concessions que faisait la couronne, ils n'en tenaient pas compte ; leur but était de dresser de nouvelles barricades et

dans une bataille de proclamer le principe républicain. Comme partout on comptait sur la défection
des soldats et l'apathie des classes moyennes.

Ces faits étaient parfaitement à la connaissance
du roi Frédéric-Guillaume : ils lui arrivaient par
la police, par les communications confidentielles de
Vienne et de Pétersbourg ; mais soit loyauté, soit
amour-propre pour un système auquel il avait cru
jusqu'alors, le roi ne voulait pas prendre de mesures militaires avant d'être provoqué par l'insurrection. Avec la couronne était un grand parti militaire qui ne demandait qu'à agir, et les officiers
répondaient des soldats. Depuis les événements de
Vienne surtout, les généraux de l'armée prussienne rougissaient de leur inaction ; l'aspect de
Berlin livré à la populace leur faisait honte ;
poussés par leur liaison avec le prince royal, ils
voulaient en finir par une lutte armée. De toutes
parts le roi entouré, prié, commençait à comprendre lui-même la situation, et l'on attendait la
première émeute à Berlin pour imiter la répression de Vienne et de Paris.

Le roi de Prusse sous l'action de sa propre expérience et des conseils de la Russie se tenait prêt
à un mouvement décisif contre le parti populaire.

Sûr de son armée, appuyé sur une grande portion de la bourgeoisie, alors un peu désabusée, il était certain de prendre sa revanche contre les clubs, les étudiants et les barricadeurs de Berlin. Ce qui s'était passé à Paris et à Vienne était un exemple à suivre, et l'état de siége serait désormais le dernier terme de la répression politique. Le cabinet de Berlin laissait donc agir les clubs dans leur pleine licence, pour amener la crise violente avant-coureur de la prise d'armes : à cet effet, il laissait discourir, déclamer l'Assemblée Constituante issue du suffrage universel. Seulement à Vienne et à Berlin, l'action de cette Assemblée était habilement paralysée en vertu des prérogatives reconnues au Parlement de Francfort pris pour dupe ou complice.

Nulle Assemblée en ce monde n'avait été plus médiocre et ne s'était condamnée à jouer un rôle plus pitoyable. Je crois que de bien bonne foi elle s'imaginait représenter les droits, les intérêt de l'Allemagne; elle délibérait en conséquence et faisait des lois pour l'universalité de l'Empire ; l'Autriche y avait même député un de ses archiducs sous le titre de vicaire. En élevant si haut ce Parlement, le but des deux cours de Berlin et de Vienne était de paralyser les Assemblées bruyantes et particulières qui, sous l'action des clubs, siégeaient dans les deux capitales. Il en résultait que lorsque ces Assemblées faisaient de l'anarchie, les cabinets pouvaient leur dire : « Vous n'êtes que des fractions de la souveraineté nationale qui réside dans l'Assemblée Constituante de Francfort. » Et comme en définitive la majorité de cette Assemblée impuissante et médiocre ne voulait pas de bouleversement, les cabinets d'Allemagne se servaient d'elle pour lutter contre l'esprit démocratique trop violent; ils disaient à chacune de leurs Assemblées particulières : «Vous n'avez pas le droit d'agir avant que le Parlement souverain de Francfort ait prononcé. »

C'était donc un instrument admirable pour comprimer l'esprit démocratique qui agissait par la propagande sur les bords du Rhin, les frontières suisses jusqu'à Strasbourg et Metz ; il n'y avait dans ce Parlement qu'un bien petit parti républicain, et la presque unanimité s'était prononcée contre les corps francs qui à plusieurs reprises déjà avaient tenté un bouleversement dans le grand duché de Bade, le Wurtemberg et la Bavière rhénane. Le Parlement de Francfort, il faut lui rendre cette justice, ne voulait pas de révolution ; il désirait maintenir chaque État particulier avec sa souveraineté et ses libertés en les groupant ensuite en une seule nation, un de ces rêves historiques de la Germanie qui agissent très-souvent sur la politique générale. En partant de ce principe il menaçait de soulever l'Allemagne contre toutes les tentatives révolutionnaires aussi bien à Berlin qu'à Vienne, Stuttgard, Munich et Bade ; le Parlement de Francfort avait pris un milieu qui servait admirablement les pouvoirs réguliers dans leurs luttes incessantes contre l'esprit de propagande. C'est ainsi qu'on le considérait et qu'on le ménageait dans les grandes cours de l'Allemagne, sauf à s'en débarrasser lorsqu'on arriverait à la seconde période d'un pouvoir fort et définitif.

La propagande en Allemagne avait son principe en Suisse où s'étaient réfugiées les grandes fractions du parti républicain. La Confédération helvétique prenait à peine les plus vulgaires précautions pour cacher l'appui qu'elle portait aux démocrates germaniques qui à de courts intervalles venaient troubler les bords du Rhin. Un tel état de choses ne pouvait durer longtemps sans réclamation, et le Parlement de Francfort chargé de la police générale avait réclamé ; mais à cette époque la Suisse très-pénétrée de la situation embarrassée des grands cabinets se permettait impunément les actes les plus extrêmes ; et comment qualifier la prise de possession de Neufchâtel au mépris de tous les traités réguliers et des actes du Congrès de Vienne? Comme cette question était spéciale pour le roi de Prusse ( Neufchâtel était un bien d'héritage et de tradition), le pouvoir central ne s'en préoccupait pas. La Suisse croyait peut-être que ce serait une affaire définitivement jugée ; grande erreur : la diplomatie est une science d'expectative et d'opportunité ; il faut savoir attendre et se décider par le temps. Le roi de Prusse très-patient, espérait tout des circonstances.

Le pouvoir central, l'Assemblée de Francfort poussaient le cabinet de Berlin et les cours germaniques en général à la guerre injuste du Sleswick-Holstein. L'école historique et philosophique de l'Allemagne posait ce principe absurde dans ce qu'il a d'absolu, à savoir : que tout ce qui parlait allemand devait faire partie du grand corps germanique, conclusion si vaste qu'elle était une menace pour tous. Les patriotes français qui soutenaient avec une vivacité si étourdie le Parlement de

Francfort, ne remarquaient pas que les théories politiques des érudits allemands entraînaient pour la France la perte de plusieurs provinces, l'Alsace et la Lorraine, en particulier, qui parlaient la langue commune de la patrie germanique. C'était presque en vertu de ce seul principe que la Prusse poursuivait la guerre contre les Danois, peuple brave et déterminé. Au milieu de ce conflit, l'Angleterre que tant de liens unissaient à l'Allemagne et au Danemarck avait offert sa médiation. Pour lui assurer plus de force, lord Palmerston engagea la France à donner son concours à la médiation en vertu de ses anciens traités, et le gouvernement de Février, bien aise d'entrer en relations avec l'Europe avait accepté cette offre avec un très-grand empressement, tandis que la Russie, protectrice du Danemarck, de la Suède et de la race scandinave, activait de tous ses efforts la combinaison d'un traité.

On a déjà dessiné dans ce livre la position de la Russie. Très-décidée à prendre part au mouvement européen, elle avait la plus forte armée du monde et le trésor le plus riche; sa résolution était de porter secours partout où l'ordre régulier serait menacé et de ne prendre conseil de personne quand

il s'agirait de provinces limitrophes à son Empire,
dont la révolte pourrait compromettre la sécurité
de ses propres États. En vertu de ce principe elle
n'avait pas hésité à envahir les provinces moldaves
et valaques dès que l'insurrection avait éclaté, et
cette fois, de concert avec la Porte-Ottomane,
qui avait parfaitement compris l'intérêt commun des souverainetés, elle avait pris des mesures pour comprimer tout mouvement d'insurrection. La révolte éclata dans les conditions qui
étaient prévues : les hospodars qui avaient reçu
les investitures de la Russie et de la Porte-Ottomane furent renversés; une sorte de Gouvernement Provisoire, moitié violent, moitié incapable,
recevant ses inspirations des clubs de l'Allemagne
et de Paris fut installé. Le parti révolutionnaire,
qui sous le couvert de l'ambassade de France avait
espéré pousser la Turquie à une prise d'armes contre la Russie, échoua complétement dans cette négociation.

On vit un accident diplomatique, unique peut-
être dans l'histoire, ce fut l'union la plus intime
des armées russe et ottomane dans la question
des principautés; les deux drapeaux marchaient
de concert contre l'insurrection qui fut bientôt

comprimée. Les armées russes prirent possession de Jassy et de Bucharest; l'ancienne famille des Hospodars fut rétablie; le parti révolutionnaire qui ne s'appuyait sur rien de réel, disparut des principautés moldaves et valaques sans laisser de traces ; des masses de troupes russes passèrent le Pruth pour prendre position aussi bien contre les provinces que contre l'occident de l'Europe en cas de nécesssité. La Russie borda la ligne de toutes les souverainetés slaves, allemandes pour se tenir prête devant les éventualités ; elles devaient être bientôt nombreuses dans la situation où se trouvaient les deux cours de Vienne et de Berlin. Il y avait non-seulement guerre de principes mais encore lutte de nationalités, les plus longues, les plus désastreuses, parce qu'elles remuent les mœurs et l'histoire d'un peuple.

Dans cette situation de l'Europe quelle pouvait être la politique du général Cavaignac, chef du Pouvoir exécutif? Il était évident pour les hommes sérieux, que depuis la dictature du général, la liberté d'action de M. Bastide aux affaires étrangères, simple et brouillonne, s'était singulièrement limitée ; l'esprit de M. Cavaignac y dominait, et il y avait chez M. Bastide de vieilles habitudes de respect envers le nom du général qui lui faisaient recevoir la direction plutôt qu'il ne la donnait. Il dut paraître étonnant d'abord qu'après toutes les grandes promesses de liberté et de République qu'on avait faites à l'Italie, on eût borné toute l'action de la France à une médiation simple offerte de concert avec l'Angleterre. Pourtant M. Bastide vint annoncer à l'Assemblée, avec une joie orgueilleuse, que l'Autriche acceptait cette médiation. Le ministre le fit en mauvais termes, avec cette phraséologie stérile d'une démocratie impuissante : était-ce faute de lumières, de renseignements exacts ou de bonnes informations ? mais le ministre provoqué sur les bases de la médiation, déclara nettement qu'elles devaient reposer sur l'indépendance de l'Italie, et son affranchissement absolu de la souveraineté de l'Autriche, quant au royaume Lombardo-Vénitien.

Si donc M. Bastide avait été le moins du monde exactement renseigné, il aurait su que dans aucune hypothèse l'Autriche n'aurait renoncé à ses possessions d'Italie : quelle bataille pour cela avait-on gagnée contre elle ? Les traités de 1815 restaient dans toute leur vigueur et l'Europe entière se serait levée pour les soutenir, car ces traités étaient la base du droit public européen. Quels renseigne-ments avaient donc M. de Lacour à Vienne, et M. de Raiset à Turin? Lord Palmerston savait très-pertinemment que l'Autriche ne voulait faire désormais aucune concession territoriale, et que le cabinet Schvartzemberg avait nettement défini et tracé les limites de la médiation admise pour préparer la paix avec le Piémont, et rien au-delà; de sorte que M. Bastide s'était fourvoyé à l'aventure, en déclarant que la médiation au-rait pour base l'indépendance de l'Italie : l'Au-triche ne voulait céder ni une ligne de défense, ni un pouce de territoire dans le royaume Lom-bardo-Vénitien. C'était donc sans fruit et sans ré-sultat que M. Bastide recevait à Paris les envoyés du Gouvernement Provisoire de Milan qui n'exis-tait plus, et de la République de Venise pressée, as-siégée par l'armée autrichienne. M. Bastide com-mettait encore une lourde faute en menaçant l'escadre autrichienne qui entourait Venise. En diplomatie ces sortes d'actes se retrouvent toujours à l'égard surtout d'une puissance qui a ses forces et ses moyens d'avenir.

L'esprit pacifique du général Cavaignac aper-çut immédiatement qu'il fallait séparer sa diplomatie de la propagande du Gouvernement Provisoire et de la Commission exécutive, et une sage déclaration vint rassurer les gouvernements de l'Allemagne encore une fois menacés. Le général déclara qu'il ne seconderait en rien les mouvements populaires et insurrectionnels, qu'il garderait en toutes ces questions de gouvernements et de partis, une exacte neutralité ; déclaration destinée à décourager les tentatives des réfugiés. Une partie de ces réfugiés s'était dirigée vers le Rhin, sous le commandement de Struve, et portait la confusion et le désordre dans les provinces rhénanes. Le général Cavaignac fit honnorablement déclarer qu'il demeurait étranger à toutes ces menées, et que si les réfugiés cherchaient un asile en France, ils seraient immédiatement désarmés et répartis dans l'intérieur. C'était une véritable déclaration diplomatique conforme au droit public général.

Aussi les rapports réguliers de gouvernement à gouvernement s'établirent-ils sur une meilleure base : l'Angleterre qui n'avait encore accrédité un ambassadeur que d'une manière provisoire, donna à lord Normanby le titre d'envoyé extraordinaire, avec des lettres de créance de la reine ; lord Normanby se montrait très-assidu auprès du général

Cavaignac comme il l'avait été auprès de MM. de Lamartine et Bastide, caressant toutes les vanités des parvenus de la révolution de Février. L'Angleterre prit également le général par son faible, en l'exaltant comme l'homme désigné par la Providence, afin de régulariser l'état moral et politique de l'Europe. Le général accrédita auprès de la reine M. Gustave de Beaumont, nom bien nouveau dans la diplomatie : on peut être un homme d'esprit et pourtant ne comprendre que très-imparfaitement les questions européennes, qui demandent tant d'expérience et d'études spéciales. Le choix de M. de Beaumont était-il parfait? connaissait-il à Londres le véritable terrain où l'on pouvait porter les négociations. Avec un peu d'habitude, il se serait aperçu que l'Angleterre ne se laisserait jamais entraîner à une politique hostile à la maison d'Autriche. A cette époque les informations diplomatiques étaient des plus mauvaises; on était brouillon, agitateur ou ridicule à l'excès; le peu d'habitude des hommes et des affaires plaçait le nouveau corps diplomatique dans une situation de triste infériorité, ou bien de surexcitation enfantine. On avait partout besoin de se placer derrière l'Angleterre pour imprimer un caractère sérieux et considérable à la diplomatie française.

Toutefois, ç'eût été manquer à la vérité historique que de ne pas avouer que l'attitude prise par le général Cavaignac dans les journées de juin, la dictature qu'il avait su saisir avec la ferme rudesse d'un soldat, les inflexibles peines qu'il avait fait prononcer contre les agitateurs, grandissaient en Europe son importance diplomatique : la reconstitution du pouvoir, c'est ce dont la société avait besoin, et les cabinets n'oubliaient pas que l'état de siége de Paris, sous une République, autorisait la plus ferme mesure de répression à Berlin et à Vienne. L'empereur Nicolas dont le pouvoir n'est au demeurant qu'une grande dictature, avait fait témoigner son estime personnelle au général Cavaignac, et tel fut le prétexte de l'envoi du généal Leflo à Pétersbourg; brave et honorable officier, il devait être très-bien accueilli par le czar. C'était trop présumer que de croire à une reconnaissance de la République; le général Leflo ne se fit pas illusion sur ce point dès sa première conférence avec le comte Nesselrode; on l'accabla de politesses comme tout digne officier français, mais toutes ses réceptions n'eurent pas de caractère politique. Il fut invité aux parades du czar, à quelque fête de palais ; sa mission n'alla pas au-delà.

Le général Leflo put se convaincre de plusieurs faits qu'il consigna dans ses dépêches : d'abord des forces immenses de l'Empire russe disponibles pour le cas de guerre ; puis de l'alliance intime de la Russie, de la Prusse et de l'Autriche, dès qu'il s'agirait du grand principe de la répression. Enfin, ce qui dut paraître plus extraordinaire aux politiques d'habitude, c'est que la Porte-Ottomane était dans la plus parfaite harmonie avec ces puissances pour le cas de guerre européenne, et qu'un contingent de quatre-vingt mille hommes était stipulé dans cette hypothèse. C'est que le Divan avait compris lui-même qu'il s'agissait d'une guerre de la révolution contre les pouvoirs, et par conséquent commune à tous les souverains.

———

# CHAPITRE QUATRIEME.

## DÉVELOPPEMENT ET APOGÉE DE LA DICTATURE DU GÉNÉRAL CAVAIGNAC ET DES RÉPUBLICAINS POLITIQUES.

L'histoire ne présente pas des exemples nombreux d'un pouvoir aussi absolu que celui qu'exerça le général Cavaignac depuis le 25 juin 1848 jusqu'au 10 septembre, époque où sa dictature commença à décliner moralement. Et cette dictature, remarquons-le, ce n'est pas l'usurpation qui la lui donne, mais l'assentiment du pays, le vote de l'Assemblée ; si bien qu'une seule parole du général suffit pour que tout appui lui soit donné, sans la nécessité d'une discussion, d'un débat sérieux. A la tribune, le général Cavaignac prononce quelques phrases vagues, convenables, souvent apocalyptiques, et les pouvoirs les plus absolus lui sont confiés.

Les hommes qui entourent le général Cavaignac, les ministres de son choix appartiennent tous au parti que j'ai appelé les républicains politiques, à la coterie des habiles presque sans mélange. Le général prend le titre de chef du pouvoir exécutif, et préside ainsi le conseil ; si une petite modification a eu lieu dans le ministère, elle n'a pas dépassé les limites sacrées de l'opinion républicaine. M. Recurt a quitté le département de l'intérieur ; il a été trop attaqué dans ses antécédents, et ensuite l'Assemblée exige quelques changements dans les préfectures, qui répugnent aux souvenirs de M. Recurt, si étroitement lié au passé des sociétés secrètes. Mais le ministère ne perdra pas une capacité si précieuse ; M. Recurt passe aux travaux publics que n'a pu garder M. Trélat, depuis sa conduite si équivoque au mois de juin. N'avait-il pas alors désapprouvé la dissolution des ateliers nationaux prononcée par l'Assemblée ? Dans cette époque de vertige et d'incroyables fortunes, M. Bastide destinait à M. Trélat un poste diplomatique, une ambassade importante.

Au département de l'intérieur on plaça M. Sénard, l'avocat aux grandes phrases, qui avait déployé une fermeté retentissante et prétentieuse durant les journées de juin, comme président de l'Assemblée ; lui si longtemps le promoteur de la résistance sous le régime monarchique, s'était passionné contre tous ceux qui troublaient la quiétude républicaine des démocrates satisfaits. Nul ne fut plus implacable que M. Sénard, si ce n'est M. Marie qui, membre de la Commission exécutive, s'était alors contenté du département de la justice, à côté de ses amis. Dieu réservait un châtiment moral à tous ces hommes naguère si désordonnés dans leurs idées politiques ; il leur faisait désavouer au pouvoir les doctrines de toute leur vie. Nulle législation ne fut plus implacable contre la presse que celle que proposa M. Marie ; MM. de Peyronnet et Chantelauze ne l'auraient pas égalée. Le département de la guerre était parfaitement placé sous la spécialité du général de Lamoricière ; les finances restaient aux mains de M. Goudchaux, toujours d'une naïveté politique charmante ; il y avait chez lui deux hommes : le banquier et le républicain ; le banquier souvent avec d'excellentes idées de crédit, le républicain qui se demandait avec une bonhomie indicible : comment ces excellentes idées ne réussissaient pas ; sans s'apercevoir que l'origine et le principe du gouvernement démagogique tuaient le crédit public !

Dans ce curieux ministère, le général Cavaignac

avait placé l'instruction publique dans les mains de M. de Vaulabelle ; l'Assemblée avait presque destitué M. Carnot et avec lui la triste coterie qui l'entourait sous l'encyclopédiste M. Jean Reynaud : qu'était M. de Vaulabelle que le général Cavaignac appelait à remplacer M. Carnot et à se poser comme le successeur de M. de Fontanes? un écrivain dont le seul titre était une histoire pleine d'erreurs et de jugements passionnés, sur une époque qu'il n'avait ni étudiée, ni comprise ; philosophe du xviii<sup>e</sup> siècle avec ses indifférences, il était appelé à diriger l'opinion du corps universitaire et les intelligences supérieures, obligées de s'abaisser devant quelques vulgarités de l'école voltairienne. Pour laisser une dernière satisfaction à la partie très-pure de la République, à l'ancienne coterie Ledru-Rollin, on conserva quelque temps M. Flocon dans le ministère, avec le département du commerce et de l'agriculture ; nul ne comprenait moins bien sa position que M. Flocon qui se croyait appelé à fournir une longue carrière. Il faut même être juste envers lui, il se dévouait avec une ardeur particulière à son département. Afin de favoriser l'exportation, le ministre grandit le système des primes, et il voulait réaliser tout un

système de colonies agricoles pour déverser le trop
plein des villes dans la campagne. La vie ministérielle n'était pas assez longue, et la capacité assez
haute pour de si vastes projets.

Dans des positions politiques presque aussi considérables, la présidence de l'Assemblée, les préfectures de la Seine et de police on trouvait le même
esprit et une semblable direction. Il paraissait
important au parti républicain d'avoir la main
supérieure dans les délibération de l'Assemblée,
appui essentiel à la dictature du général Cavaignac, et sans hésitation la coterie proposa M. Marrast qui fut accepté par une majorité considérable
composée de toutes les nuances; tant il paraissait
essentiel de n'apporter aucun obstacle même moral à la dictature du général Cavaignac! L'Assemblée se donnait à lui par le choix de M. Marrast;
cette élection laissait vacante la préfecture de la
Seine qui passait aux mains de M. Ducoux, un
de ces républicains répressifs, qui après avoir jeté
le désordre dans les esprits par leur doctrine, s'é-
taient montrés impitoyables envers de malheureux égarés. M. Ducoux, durant les premières
rigueurs de l'état de siége, avait été chargé dé
poursuivre et de désarmer quelques-unes des com-

munes aux environs de Paris, et il l'avait fait avec
une inflexibilité de pouvoir absolu, qui le grandis-
sait dans le parti militaire et dictatorial. La préfecture de police passait aux mains de M. Trouvé-
Chauvel, une de ces fortunes politiques que la
révolution de Février avait élevées dans ses capri-
ces suzerains.

Telle était la constitution de la dictature du
général Cavaignac, siégeant presque en souverain
dans le splendide hôtel de la rue de Varennes. La
population parisienne a deux caractères bien sé-
parés : ou elle se fait séditieuse, turbulente, et ne
s'arrête devant rien, pas même devant ses intérêts ; ou bien faible, adulatrice, elle s'abaisse à
terre et subit tout ce qu'on lui impose. Il fallait
donc la voir accourir dans les salons du général
Cavaignac ; l'hommage que souvent on s'était
fait orgueil de refuser aux rois, on le prodiguait à un dictateur, parce qu'on était craintif
et que le sabre régnait. Si le général donnait
quelques fêtes, on voyait accourir la population de
tout rang, de tout état dans ses salons, et il n'était
pas d'éloge hyperbolique qu'on ne lui prodiguât.
Le dictateur était froid, un peu fier, sa figure maladive, son nez, son regard de faucon, cachaient

des passsions, celle du commandement sans contrôle, puis, dit-on, un besoin de distractions ardentes; le soir, dans sa loge d'Opéra, sa lorgnette braquée sur la scène, il suivait les danseuses légères et fugitives dans des enveloppes de gaze. Il était l'objet de l'admiration de tous. Nul prince n'était plus flatté que le général Cavaignac, le chef armé de la démocratie.

M. Marrast avait des manières moins fières et plus royalement bienveillantes; parvenu au but de ses désirs, la présidence de l'Assemblée, il s'était installé dans le palais des Condé, arrangé et meublé avec une nouvelle élégance : lambris de la renaissance, meubles Louis XV et Louis XVI. Le président s'y plaisait fort; n'oubliant aucune des prérogatives monarchiques, les portes ouvertes à deux battants, les huissiers et massiers qui précédaient sa marche, il renouvelait toute la majesté et le luxe des temps aristocratiques, sauf les formes et les manières qui ne se donnent pas : il recevait dans son salon bonne et mauvaise compagnie, mais il recevait et c'était suffisant à Paris, pour lui attirer une sorte de popularité : « On était invité chez M. Marrast, il y avait grande réunion à l'hôtel de la présidence, » et l'on se disputait les invitations comme celles d'un bal de la cour sous Louis-Philippe. Le Français qu'on veut faire démocrate, est le peuple de l'Europe qui a le plus profondément enracinées les mœurs de distinction ; quand ce n'est pas le vrai Dieu c'est une idole ; il lui faut un enthousiasme ou une raillerie, le Capitole ou la roche Tarpéïenne.

La société, sous la dictature, avait-elle repris la confiance, la joie, en délaissant un peu la tristesse maladive de la révolution de Février ? Non, cette tristesse n'avait point disparu ; on était entouré de spectacles lugubres. Les premières journées qui avaient suivi la terrible tempête de juin, étaient employées par chaque parti à enterrer ses morts ; des funérailles publiques furent ordonnées aux dépens de l'État ; des chars funèbres parcoururent encore la cité, emportant ces quelques renommées périssables de la guerre civile : généraux, officiers, soldats, Représentants ; puis on compta ses blessés. Chaque jour dans l'Assemblée, ou bien dans les journaux, on donnait des nouvelles des blessures graves d'un ami, d'un collègue ; le général Duvivier mourait, le général Bedeau, très-souffrant, avait des alternatives de bien et de mal ; c'était bien triste que cette interruption des débats pour recueillir quelques lamentables bulletins des trépassements funèbres.

Les prisons étaient encombrées de captifs politiques ; à la fin de juillet le nombre s'en élevait à près de sept mille agglomérés dans les forts qui environnaient Paris, et dans les prisons d'État. On se rappelle qu'un décret de l'Assemblée les divisait en deux catégories : les uns condamnés par un simple acte du pouvoir exécutif, à la déportation ; les autres traduits militairement devant des conseils de guerre. Nul pouvoir humain n'était constitué plus arbitrairement que celui que les républicains politiques s'étaient donné contre leurs anciens amis de complots et de conspirations. Chaque huit jours une liste était dressée qui comprenait deux cent cinquante à trois cents noms de déportés : à côté de la peine aucun motif pour la justifier ; le dictateur signait et des milliers d'hommes partaient la nuit sous de fortes escortes ; au premier signe de résistance, ordre était donné de faire feu ; et ces hommes qui signaient de pareilles consignes étaient-ils exempts dans le passé de tout souvenir de séditions et de complots ; hélas non ! et c'est pourquoi cette sévérité avait toutes les conditions d'une certaine immoralité politique. Les révolutionnaires sont implacables les uns envers les autres; les hommes d'un même parti se détestent plus entre eux que les opinions franchement hostiles.

La seconde catégorie des prisonniers de juin fut déférée aux conseils de guerre, presque immédiatement organisés par le général Cavaignac. Un double phénomène se produisit aux séances de ces conseils; les plus coupables d'entre les accusés étaient presque tous d'anciens fonctionnaires, chauds amis des hommes politiques qui gouvernaient    M. Pinel de Grandchamp, maire du douzième arrondissement de Paris, était un patriote ardemment lié à MM. Trélat et Recurt; le commandant Constantin, chef d'escadron d'état-major, avait été secrétaire-général sous le général Subervie, et l'ami de M. Charras. D'autres noms encore se trouvaient dans les amitiés et les intimités de MM. Flocon, Marrast, comme des camarades de clubs, de sociétés secrètes ou de divans; les uns étaient au pouvoir, les autres dans les fers : qu'avaient-ils fait de plus ou de moins pour subir cette destinée différente? C'est ce qui souvent donnait aux accusés une si grande énergie dans la défense : un d'eux disait avec une rage douloureuse dans la prison : « Qu'ai-je fait pour être ainsi traité, moi qui toute ma vie me suis nourri de la lecture du *National* et qui n'ai cultivé que l'amitié de M. Marrast ? »

Une seconde anomalie résultait de la pénalité : la plupart des décisions rendues par les conseils portaient sur le crime d'avoir élevé ou défendu des barricades, ce qui au mois de février était une action glorieuse : ainsi peine et récompense étaient également appliquées à une même action; ce qui était l'objet d'un éloge à une certaine époque devenait un crime à une autre; tant il est vrai qu'il n'y a aucune logique de plus contradictoire et de plus étrange que l'école révolutionnaire. Il se présentait bien d'autres bizarreries; le décret qui avait établi une double catégorie parmi les prisonniers, avait considéré comme les plus coupables les chefs de barricades et de séditions réservés pour les conseils de guerre; les simples soldats de l'émeute étaient jetés pêle-mêle dans la déportation. Il se trouvait que sauf pour quelques grands coupables à qui l'on appliquait les travaux forcés à perpétuité, les condamnations devant les conseils de guerre étaient plus faibles comparativement que la déportation ( un an à cinq ans de prison). Ainsi ceux qui aux yeux du pouvoir

paraissaient les moins coupables, étaient plus sévèrement châtiés : qu'importaient ces anomalies
aux républicains politiques qui voulaient exercer
le pouvoir librement, sans obstacle et sans criail-
lerie ; leurs amis applaudissaient à cette proscrip-
tion des lecteurs de la *Vraie République* et du *Père
Duchêne*. Parmi ceux-ci étaient de terribles adversaires qu'on laissait sur les pontons ou dans les
prisons d'État, pour que M. le général Cavaignac
pût librement préparer sa présidence, M. Marrast largement exercer son pouvoir, donner de
gracieuses fêtes ou des banquets dans le palais des
Condé.

Dans les premiers jours d'émotion qui suivirent
les journées de juin, l'Assemblé avait désigné une
Commission d'enquête pour examiner les faits et
la culpabilité résultant des attentats du 15 mai,
et de la terrible insurrection qui en avait été la
suite. La faute immense commise alors par les républicains politiques, fut de trop se séparer de
leurs co-religionnaires d'opinion pour se jeter aux
mains du parti de M. Barrot, qui momentanément s'unit à eux avec habileté afin de les compromettre ensuite. L'enquête devait tout embrasser, les faits généraux et les faits particuliers ; par

ce moyen, on suscitait les jalousies, les dépositions contradictoires, et il y en a toujours dans les partis rivaux ; ainsi M. Ledru-Rollin ne pouvait supporter le général Cavaignac ; M. Marie était très-hostile aux républicains de l'école agitatrice ; fatigué de tant d'émotions, il avait besoin de repos et la colère se manifestait en lui contre tous ceux qui voulaient troubler sa quiétude.

Il en résultait une grande joie, une satisfaction indicible pour le parti de M. Barrot ; ces querelles intestines, les accusations réciproques, il les recueillait attentivement afin de créer des inimitiés invincibles parmi ses adversaires ; il était assez curieux de voir le président du conseil de la Régence interroger comme un juge les vainqueurs du 24 Février, les classer en catégories, et prononcer pour ainsi dire sur leur culpabilité. Avec quelle froide impartialité les aveux sont recueillis, les témoignages comparés dans l'enquête ! Les républicains politiques applaudissent, parce qu'ils n'y aperçoivent qu'un moyen de se débarrasser de leurs ennemis. De l'enquête ainsi suivie par les adversaires du 24 Février, il semblait résulter des preuves évidentes que MM. Caussidière et Louis Blanc étaient auteurs ou complices de l'attentat du

15 mai; déjà le général Courtais et M. Barbès étaient
arrêtés, première brèche faite au parti de la révolution. Si les républicains politiques avaient été
habiles, ils auraient vu qu'il ne fallait pas se dénoncer pour se proscrire encore; mais dans les
temps d'agitations publiques, les passions l'empor-
tent sur la raison froide : plus d'une fois M. Caussidière avait déplu aux amis du *National* : n'a-
vait-on pas destiné pour la préfecture de police
M. Recurt, à l'origine de la révolution de Février?
M. Caussidière était un rival, on le sacrifiait. Il en
était de même pour M. Louis Blanc, adversaire
d'économie politique, et qui avait fatigué la quiétude des satisfaits, par ses pédantes leçons au
Luxembourg : les livrer, c'était assurer le repos à
leur pouvoir ; sans remarquer que le parti de
M. Odilon Barrot acquérait une invisible supériorité
qu'il ferait sentir plus tard sur toute l'opinion démocratique. Ce parti avait une revanche à prendre
sur le 24 Février.

Ce n'est que lorsque la Commission d'enquête a
laissé pressentir les résultats de son travail, que le
parti des républicains politiques se ravise; il commence à voir la faute qu'il a commise en pénétrant
trop avant dans les événements du 15 mai et du 23

juin : il en résulte des accusations qui dans une longue hiérarchie vous conduisent à M. de Lamartine, à M. Marrast et à d'autres encore. Alors viennent les longs articles du *National* pour inviter la Commission d'enquête à ne pas poursuivre cet examen, à laisser dormir dans une indulgence générale ceux qui ont pris part à la révolution de Février. Le parti de M. Barrot répond : « Que l'enquête n'a eu pour but précisément que de donner la publicité à tous les faits, à toutes les opinions; que nul ne peut vouloir se séparer de cette grande lumière. » On voit qu'il a compris tout ce que son opinion peut retirer de profit de cette enquête ; la discorde est dans le camp des vainqueurs; pour cacher ses fins le parti Barrot se montre tout dévoué au général Cavaignac, il vote avec lui, et lui concède ce qu'il a de force et de puissance : « Il ne veut rien que l'ordre, il ne souhaite rien que le rétablissement de la société sur ses bases. » A peine ose-t-il quelque opposition dans les circonstances décisives; sur la question de la présidence, toutes ses voix se reportent sur M. Marrast : le temps n'est pas venu de se montrer plus exigeant : il arrivera.

Le général Cavaignac reste libre dans sa dictature, et c'est pour satisfaire seulement à ses idées particulières qu'après avoir suspendu les huit journaux d'opinions diverses, le 26 juin, il les laissa reparaître le 6 août, après les scellés d'un mois et dix jours apposés sur les presses. M. de Girardin avait été mis également en liberté, après une ordonnance de non-lieu, rigueur inutile et qui créa au général Cavaignac un adversaire actif et implacable. Il fallait lire dans les journaux des républicains politiques les beaux raisonnements qu'ils multlpllaient pour justifier ce système très-arbitraire contre les journaux et les écrivains ; eux qui en d'autres temps s'étaient tant élevés contre les précautions légales et les codes répressifs, trouvaient très-naturel ce qu'aujourd'hui leurs amis se permettaient contre les journaux. Il y a même dans le *National* un article ravissant par sa franchise : « Qu'étaient les journaux suspendus ? des ennemis, et ces ennemis qu'on pouvait tuer, on s'est contenté de les désarmer ; quoi de plus simple ! » Ces maximes appliquées en matière de presse étaient admirables et avec quelques souvenirs rétrospectifs, on aurait pu les appliquer à M. Marrast et au *National* : qu'étaient-ils à la fin du règne de Charles X et durant la période de Louis-Philippe? des ennemis ; le pouvoir aurait donc bien fait de les supprimer : n'était-ce pas très-logique? Quel parti arrivé aux affaires se souvient des doctrines de son opposition ?

MM. Thiers et Barrot surtout étaient-ils parfaitement dans leur situation et leur droit politique, lorsqu'ils venaient se montrer si puritains à l'égard de l'opinion républicaine qu'ils accusaient de compromettre l'ordre social ? qu'avaient-ils fait euxmêmes toute leur vie? Qui avait ameuté les cœurs et les âmes contre le gouvernement de la Restauration, n'était-ce pas M. Thiers ? Qui avait entraîné la multitude sur la place publique, les 22 et 23 Février, n'était-ce pas M. Barrot? De quoi venaient-ils se plaindre aujourd'hui ? car l'un et l'autre avaient fait le désordre moral des esprits. La situation de tous ces hommes politiques était fausse parce qu'ils avaient à concilier leur passé de doctrines et d'actes et la nécessité de leur position actuelle. C'était un grand chaos auquel présidait une Providence secourable : la nécessité de l'ordre avait poussé chacun à ce but : comment? la cause était invisible. Avec une habileté railleuse et infernale l'enquête remontant jusqu'au 24 Février, racontait de quels éléments s'était composé le premier Gouvernement Provisoire : il y eut surtout la déposition d'un ouvrier cordonnier, tout-à-coup transformé en garde-du-corps des citoyens Caussidière, Arago, Flocon, ses anciens amis, qui fut sublime de détails sur les premiers temps de ce gouvernement populaire : on vit par quels hommes s'était réalisée la démocratie en France, et sur quels éléments honorables l'insurrection s'était établie. On connut enfin par des bouches moins élégantes et moins enthousiastes que celle de M. de Lamartine, les petits détails des premiers jours de l'Hôtel-de-Ville, les grands repas de messieurs les gardes, la table d'hôtes de tous. Quant aux comptes, nul n'en donnait, c'était au-dessous de cette loi de salut public qui avait tout justifié à cette époque; on avait dépensé ce qu'on avait voulu, distribué à qui cela convenait; il s'agissait de monter au Capitole pour rendre grâce aux Dieux.

Puis venait une seconde affaire, celle du 16 mars; il résultait de l'enquête que ce mouvement qu'on croyait un acte spontané du peuple, avait été préparé par le Gouvernement Provisoire, le préfet de police et les clubs; qu'il y avait entre tous une entente cordiale pour donner une bonne leçon à la bourgeoisie, à la garde nationale et à

l'armée ; explication simple, rétrospective des
phrases menaçantes de M. Arago, jetées aux bon-
nets à poils. A ce sujet les commissaires de l'enquête s'étaient livrés avec un grand soin à l'étude
des clubs, de leur personnel, de leurs doctrines, de
leurs relations ; ils y avaient trouvé partout des
hommes exaltés, compromis, des repris de justice ;
leurs doctrines étaient toujours les mêmes, exécra-
bles, fanatiques. Quant à leurs relations, la Commission d'enquête constatait avec un soin minutieux les rapports des clubs avec le Gouvernement
Provisoire, les paroles échangées en cette circonstance assez grave par M. de Lamartine, qui
professait la plus tendre faiblesse pour le citoyen
Sobrier ; le grand poète avait contribué à armer
le petit arsenal de la rue de Rivoli.

A la suite de cette enquête sur les clubs, venait
l'examen de la secrète rédaction du bulletin de la
République ; on savait par quelle main il était
écrit, ce qu'il avait coûté, dans quel but il était
envoyé à toutes les communes ; chose incroyable
dans les fastes de la comptabilité ! le bulletin plein
de menaces contre les élections visé par M. Marrast
était l'œuvre d'une femme, sous un pseudonyme,
véritable faux en matière publique ; ces petites

péccadilles ne comptaient pas auprès des purs. La Commission se complut avec un malin plaisir à écrire l'ignoble épopée des commissaires des clubs envoyés pour les élections ; on en dressa un tableau par rang, par profession ; il y avait une masse de délégués gens illettrés et l'on se hâta, comme de raison, de publier leur correspondance à la fois immonde et fanatique : quelle langue et quels hommes! On découvrit deux faits d'une grave importance, 1° que des sommes importantes avaient été détournées du ministère de l'intérieur et destinées aux élections ; 2° que ces sommes avaient été remises au citoyen Longepied, chef du club central, afin de les distribuer aux commissaires. C'était M. Longepied qui avait fait un si admirable choix des délégués électoraux dont on publiait la correspondance avec une joie maligne, comme pour dire : • Voilà la belle civilisation que vous a faite la République! • N'était-il pas vrai que rien dans l'histoire ne pouvait se comparer à ce style épistolaire, même au temps du Comité de Salut public. Robespierre avait imprimé une certaine élégance de forme aux rapports du Comité avec ses agents.

La Commission d'enquête savait bien ce qu'elle

faisait en attaquant le citoyen Longepied et les commissaires des clubs : derrière tout cela n'y avait-il pas M. Ledru-Rollin? En portant une lumière non moins vive sur l'affaire du 17 avril, elle avait un but encore, c'était de jeter la discorde entre les républicains politiques, représentés par M. Marrast, et les républicains plus avancés sous leur chef M. Ledru-Rollin. Qui avait fait battre le rappel et quelle avait été la conduite de tous? On avait entendu les aveux les plus opposés ; le citoyen Caussidière raillait ce mouvement; le Gouvernement Provisoire le prenait au sérieux, et M. de Lamartine, pour la vingtième fois, disait hautement que Paris et la société lui devaient leur salut. Déjà la haine était vive entre les fractions du parti républicain, elle devint implacable.

Enfin l'enquête arrivait au 15 mai et aux journées de juin : ici commençaient les plus sérieuses culpabilités : il était évident que le parti des clubs avait désiré donner une leçon à l'Assemblée Nationale, et que la Commission du Gouvernement ou au moins une fraction de ses membres, avait partagé ce désir : nulle précaution prise ; les ordres étaient donnés avec indifférence et exécutés sans zèle. On trouvait un mélange si complet de conspiration et de Gouvernement, qu'il était difficile de démêler les hommes et les culpabilités, le bien et le mal dans la société politique. Au mois de juin, ce même phénomène s'était produit ; sur les barricades on n'avait pu distinguer les défenseurs de l'ordre ou du désordre ; l'autorité avait conspiré ou s'était montrée si maladroite que son incurie pouvait être comparée à une conspiration. La Commission d'enquête ne concluait pas ; mais son rapport était un acte véritable d'accusation porté contre les hommes et les idées de la révolution de février, depuis la première journée jusqu'au mois de juin, terrible lutte qui retentissait encore dans la société.

Une grande faute du parti des habiles parmi les républicains fut de prendre cet acte au sérieux et d'y donner suite ; il fut ici aveuglé par le sentiment de petite jalousie, dont j'ai parlé, contre les hommes plus avancés qui avaient troublé leur quiétude et leur jouissance. Au fond du cœur le général Cavaignac d'une grande sévérité, voulait se rallier le parti de M. Barrot pour obtenir la continuation de sa dictature, et ses voix pour la présidence définitive de la République. Or, comme il paraissait y avoir certitude que dans l'affaire du 15 mai surtout il y avait culpabilité ou moins complicité de MM. Louis Blanc et Caussidière, le conseil des ministres arrêta qu'ils seraient l'un et l'autre traduits devant la haute cour de justice, pour être jugés en même temps que les citoyens Barbès et Courtais. Ainsi les rangs de la démocratie s'éclaircissaient chaque jour et le parti vaincu le 24 Février prenait sa revanche parlementaire sur ses ennemis.

Le 25 août, devant l'Assemblée, l'acte d'accusation contre MM. Louis Blanc et Caussidière fut porté par le procureur-général ; c'était l'héritage du premier réquisitoire de M. Portalis, le prétexte ou l'occasion de sa retraite. Cet acte avait été précédé d'un débat très-animé sur les faits de l'enquête, où chacun s'était justifié de son mieux sur le 15 mai ; il y avait tant de gens compromis, tant d'hommes placés dans une position contradictoire ! L'accusation une fois développée, M. Louis Blanc demanda la parole pour sa justification ; il commença par l'histoire de ses pensées, de son dévouement à l'humanité depuis le 24 Février : il exposa la vérité et la certitude de ses doctrines, partagées presque sur tous les points par M. Arago : « On lui reprochait quelques paroles prononcées au

Luxembourg dans la chaleur de l'improvisation : voulait-on lui faire un procès de tendance? avait-il pris une part directe aux journées du 16 mai? Nullement, il avait cherché même à détourner les ouvriers de cette manifestation, dans l'intérêt de l'ordre sans pouvoir y parvenir. Il ne désavouait pas que cette belle démonstration de deux cent mille ouvriers avait excité son enthousiasme comme celui du Gouvernement Provisoire : qu'y avait-il là de coupable? Au 17 avril il s'était montré ami de l'ordre, de la propriété, et très-hostile à une démonstration qui aurait pu les compromettre l'un et l'autre. Que lui reprochait-on au 15 mai? d'être allé à l'Hôtel-de-Ville, le fait était faux; il avait pris un cabriolet pour le conduire au faubourg Saint-Germain; il n'était pas allé au-delà. »

M. Louis Blanc détaillait tous les faits les uns après les autres comme devant un tribunal ou une Commission d'enquête; là était son tort. Il faut prendre une Assemblée par les considérations générales, la saisir par le côté politique; mais lui faire jouer un rôle de cour d'assises c'était mal comprendre l'esprit des majorités, qui ont des opinions arrêtées sur chaque fait. Si au lieu de cette forme de judicature M. Louis Blanc s'était élevé à la hauteur de la véritable éloquence, si, invoquant toutes les nuances du vrai parti républicain, il lui avait dit qu'il se perdait par ses divisions : qu'aujourd'hui c'était son tour, le lendemain serait celui de M. Ledru-Rollin, puis celui de MM. de Lamartine, Marrast, Bastide, et qu'en se laissant décimer tous, ils se condamnaient eux-mêmes avec leurs idées ; de telles paroles auraient eu nécessairement une grande portée, et si elles n'avaient produit un résultat de non-lieu, elles seraient au moins restées comme prophétie.

M. Caussidière qui parla immédiatement après M. Louis Blanc, prit également cette voie de détails minutieux : il commença par invoquer un fait dont il était tout fier : « J'ai eu cent-cinquante mille voix de la bourgeoisie de Paris aux dernières élections; d'où cela provenait-il? du soin que j'avais apporté dans l'administration pratique de la ville : j'ai toujours recommandé l'ordre, la politesse, la protection du commerce, et c'est moi qu'on accuse d'avoir voulu incendier Paris ! J'ai voulu établir la dictature du bon sens : je suis intervenu pour toute chose et sur tout; un locataire ne voulait pas payer le propriétaire, quel langage ai-je tenu? Vingt fois on a

voulu m'égorger, et je n'ai pensé qu'à la sûreté
de Paris ; et ici M. Caussidière rapportait une lettre de M. Ledru-Rollin, ainsi conçue : « (19 avril
1848, minuit). Mon cher Caussidière, j'apprends
ce soir par Albert qui vient de voir un Montagnard,
en qui il a une confiance absolue, que les hommes
que vous avez fait sortir de la préfecture de police
dans la journée, veulent tenter un mouvement
cette nuit, Albert regarde ceci comme certain ;
moi je n'y crois pas, cependant, par précaution,
faites vérifier et prenez des mesures en environ-
nant leur casernement de nombreuses patrouilles ;
s'il faut des renforts écrivez-moi de suite, que je
fasse sortir la garde mobile sur laquelle on peut
compter ; la tentative se ferait sur la préfecture et
l'Hôtel-de-Ville. Bonne nuit comme à l'ordinaire
en ne dormant pas : ah ! que Saint-Just avait raison. Tout à vous, Ledru-Rollin. »

Cette lettre avait ceci de curieux, qu'elle signalait précisément cette confusion dont j'ai parlé ;
de qui parlait M. Ledru-Rollin ? d'Albert, de Caussidière, tous deux ses amis, ses confidents, et aujourd'hui M. Ledru-Rollin gardait son rang dans
l'Assemblée, et MM. Caussidière et Albert étaient
assis sur le banc des accusés ! «Voulez-vous que je

vous parle de Delahode, continuait M. Caussidière, c'était un homme à la fois attaché à la police et à nos sociétés ; préfet de police, je l'ai fait arrêter et mettre au secret. Pour la maison de Sobrier, cette remise d'armes qui l'a faite, si ce n'est le ministre de la guerre lui-même ? Sobrier avait au reste plus de relations avec le Gouvernement qu'avec moi-même ; il inspirait à tous une grande confinance, spécialement à M. de Lamartine. Veut-on parler des affaires du mois d'avril ? j'ai fait tout mon possible pour les éviter. Au mois de mai j'ai prévenu tout le monde : est-ce qu'on m'a écouté ? J'ai voulu voir M. Recurt, je n'ai pu l'aborder ; il y a longtemps que j'avais dit que le vase était plein et qu'il devait déborder. »

Le discours de M. Caussidière resta dans ces termes, calme, coloré, un peu long, mais d'un excellent esprit. Il y avait au moins chez lui de la naïveté ; aimant la République avec ardeur, il avait combattu pour elle, et dans la première journée de la victoire il avait pris possession sans hésiter de la préfecture police ; il y était demeuré dans une constante lutte ; d'une part il avait à combattre les égoïsmes de la bourgeoisie, au nom de ses anciens amis ; de l'autre il voulait ras-

surer cette bourgeoisie qui seule pouvait donner la
vie et la prospérité à Paris, lui confirmer un pouvoir durable et les voix de son élection. Cette situation complexe pouvait bien nécessiter un peu d'hy-
pocrisie dans la conduite générale du préfet de
police, mais au demeurant M. Caussidière n'était
pas un méchant homme. S'il avait eu des instincts
pervers ou une nature mauvaise, il pouvait faire
bien du mal à Paris du 24 février au 30 avril, car
il était complétement le maître, et en lâchant ses
Montagnards à cravates rouges, il pouvait préparer
le désordre de la cité. Lui à M. Sobrier que n'aurait-il pas osé dans la prostration générale des
esprits qui suivit la proclamation de la République?
Une certaine classe à Paris est remuante comme
l'émeute, ou abaissée comme l'esclave d'Orient.

La défense de MM. Caussidière et Louis Blanc
fut à peine écoutée avec patience, ils eurent peu de
défenseurs, même sur les bancs révolutionnaires ;
avec l'état de siége, chacun craignait qu'on ne fouil-
lât trop profondément pour trouver sa complicité.
L'enquête fut plus discutée que la personnalité des
accusés ; il n'y eut dans la réalité que M. Ledru-
Rollin qui prit courageusement leur défense. Il
était dans le vrai ; le parti des révolutionnaires

politiques commit la faute immense de voter pour
l'accusation , sans en excepter même MM. Bastide, Recurt, les pères des anciennes conspirations.
Ainsi se forgeaient les armes qu'on pourrait plus
tard diriger contre eux ; ils furent trompés, alléchés
par les anciens royalistes du parti Barrot, qui
paraissaient les seconder dans leurs vues am-
bitieuses : « Général, semblaient-ils dire à M. Cavaignac, vous voulez du pouvoir, en voilà ; la dictature
nous vous la maintiendrons tant qu'elle sera nécessaire. » A M. Marrast, ils lui disaient aussi : «Nos voix
vous sont acquises pour la présidence; vous voulez
vous maintenir à la tête de l'Assemblée, vous y res-
terez. » Au ministère tout entier ils disaient aussi :
« Vous êtes des républicains honnêtes, nous nous
engageons à vous soutenir dans la voie de la démocratie modérée. » Ces engagements de partis ne
sont jamais que des dettes transitoires et condition-
nelles, et rarement des dettes d'honneur.

L'accusation fut votée contre M. Louis Blanc à
une majorité de cinq cent-quatre voix contre deux
cent-cinquante-deux, et contre M. Caussidière à la
majorité de quatre cent-soixante-dix-sept contre
deux cent-soixante-huit. Cette différence venait de
certaines nuances dans les amitiés et les inimitiés

qu'inspiraient ces deux Représentants du parti du socialisme et de la république pure et un peu rouge. M. Louis Blanc était très-mal vu par une fraction même du parti Ledru-Rollin, car à cette époque le socialisme était considéré, par beaucoup d'entre eux, comme une complication et un embarras à la simple idée de la Montagne. M. Caussidière, au contraire, était un vieux et loyal Montagnard qui méritait les égards d'un scrutin favorable. Une fois l'autorisation de poursuivre donnée, l'acte d'accusation fut formulé avec le mandat d'arrêt, qu'on devait exécuter au sortir de la séance ; des motifs d'indulgence et de légalité le firent suspendre, ce qui donna le temps à MM. Caussidière et Louis Blanc de prendre la fuite. Le Gouvernement, il faut le croire, ferma les yeux et il fit bien. En temps de révolution où les partis s'élèvent ou s'abaissent si rapidement, où les défaites succèdent aux victoires, il faut être indulgent, car ce qu'on appelle un crime politique a si peu de nuance pour le distinguer d'une action d'éclat : le 24 Février était si rapproché du 15 mai !

Dans ce conflit d'hommes et d'idées, Paris ne reprenait pas sa confiance accoutumée ; le général Cavaignac à qui des remontrances avaient été faites, consentit à se relâcher de quelques-unes des rigueurs militaires d'un campement d'Afrique. Les boulevards cessèrent d'être occupés par des bivouacs, les théâtres furent ouverts ; on ne sonnait pas la triste retraite à neuf heures du soir ; on avait relégué les troupes sur des points déterminés, la Bastille, les Champs-Élysées. On élevait de grandes baraques au champ des Invalides et sur le terrain de l'Archevêché ; mais le caractère sombre se maintenait dans tout l'intérieur de Paris : le service funèbre de l'archevêque, les funérailles des morts, les bulletins des blessés, et puis les convois de prisonniers qui sillonnaient Paris. Chaque huitaine une liste de transportation était dressée par une Commission et soumise au chef du pouvoir exécutif, le général Cavaignac. C'était lamentable à voir ces tristes et grands convois d'exportation ; les révolutions gardent à peu près les mêmes formes dans la répression comme dans l'émeute : ainsi, avec le même appareil qu'en 1793, on faisait l'appel dans les casemates des forts ou dans la cour des prisons ; sans aucune observation on liait les déportés avec des cordes, deux, trois, quatre ensemble. La plupart offraient leurs mains avec fierté, quelques autres avec résignation ; l'enseignement chrétien avait pénétré dans ces âmes si profondément convaincues de leurs opinions ; devant eux était l'image du Christ qui avait bien souffert sur la croix pour l'enseignement de ses doctrines : peu de plaintes, une conviction profonde que leurs souffrances auraient un terme, et que définitivement la société serait à eux. A la nuit le long convoi se mettait en marche, quelquefois au milieu des torrents de pluie, escorté par des masses d'infanterie : les dragons éclairaient la route, le pistolet au poing ; des femmes, des enfants jetaient des adieux lamentables à leurs pères, à leurs maris : un silence de mort succédait à ces cris.

Je me souviens d'avoir vu passer au mois de septembre 1848, chaque semaine, sur la grande route de Neuilly. ces convois qui se rendaient à la gare d'Asnière ou de Saint-Germain ; tout mon être frissonnait en pensant que dans ces hommes enchaînés il y avait des cœurs honnêtes et enthousiastes que les mauvaises doctrines avaient pervertis ; les plus grands coupables n'étaient pas parmi eux ! Peut-être en ce moment, couronnés de fleurs, ils savouraient à longs traits le champagne, ou bien du bout de leur lorgnette caressaient-ils les pas gracieux d'une danseuse chérie, ou leurs oreilles attentives suivaient avec volupté le gazouillement d'une chanteuse aimée; d'autres couraient le cerf dans le parc de Chantilly, ou s'abritaient dans les retraites silencieuses de Seaux. Ceux-là étaient les véritables coupables, et l'immoralité était dans leur joie et leur triomphe, tandis que leurs victimes allaient expier sur les pontons le tort d'avoir cru à leurs livres et à leurs journaux !

Le dictateur, après le châtiment, voulut aussi distribuer les récompenses : on avait autrefois soulevé des tempêtes d'opposition contre le gouvernement du roi Louis-Philippe, lorsqu'à la suite des affaires de juin 1832 et des révoltes de 1834, il avait distribué quelques grades et des décorations de la Légion-d'Honneur : cette fois on les prodigua. Il ne faut pas en faire un grief aux pouvoirs ; tous sont soumis aux mêmes conditions; mettez un esprit d'opposition dans le gouvernement, il fera ce que son prédécesseur avait fait, peut-être avec des fantaisies d'un plus grand arbitraire. Cette fois on avait vu du dévouement partout : on fut prodigue de récompenses, spécialement pour la garde mobile ; Paris qui ne procède jamais que par fantaisie et enthousiasme, s'était épris pour ces enfants, braves sans doute, mais qui ne méritaient ni des honneurs excessifs, ni le dédain dont ils furent ensuite accablés ; la bourgeoisie agit par engouement. Il n'était pas de fêtes alors qu'on ne prodiguât à la jeune garde mobile, dans les bals, les spectacles. Hélas ! bientôt cet enthousiasme devait se transformer en méfiance et en colère. Quel était peut-être le but du général Cavaignac en décorant une si grande masse de garde mobile, tandis que l'armée était délaissée ; n'était-ce pas de se créer des gardes-du-corps, gentilshommes de barricades, pour son protectorat ?

On donna aussi quelques décorations aux gardes nationaux de Paris et et de la province, et celle-ci on se hâta de la renvoyer ; le ministère n'était pas satisfait de ce qu'on appelait l'esprit de réaction qui partout se manifestait contre les idées et les hommes du 24 Février. Le général Cavaignac était l'amant fanatique de la révolution de 1848, et la province n'avait pas le même enthousiasme ; le despotisme de Paris lui déplaisait comme un joug odieux. Dans la distribution de ces récompenses, le dictateur oublia presque entièrement les hôpitaux ; il y avait eu d'admirables dévouements ; plus de sept cents blessés étaient à soigner, sans distinction de partis, et la noble profession de secourir ses semblables n'a pas d'opinion. Il m'a été dit par mon loyal ami Hyppolite Larrey, si dévoué à l'art, que rien ne lui avait révélé avec de plus grandes lumières l'état de la société, et les plaies profondes qu'elle portait dans son sein, que les paroles échangées sur le lit de douleur par les insurgés blessés en juin ; il y avait là de nobles caractères et des âmes mâles et romaines.

L'esprit impératif de la dictature se manifesta une fois encore contre la presse, par la suppression de plusieurs journaux épargnés dans la première mesure du 26 juin, ou qui étaient nés après son exécution ; le général Cavaignac, avec des paroles de liberté, marchait droit à la réalisation de son pouvoir absolu, et pour arriver à son but il avait besoin de l'Assemblée Nationale. Cette Assemblée, comme on l'a vu, se composait de plusieurs éléments : la majorité qui soutenait le général était compacte et numériquement très-forte, puis qu'elle se formait des républicains politiques et de toute l'ancienne fraction Barrot, des légitimistes, en un mot de tout ce qui détestait profondément l'anarchie. Le dictateur obtenait de cette majorité à peu près tout ce qu'il désirait.

avec quelque insistance : ses explications bonnes ou mauvaises, on les acceptait presque sur parole. L'Assemblée continuait ses travaux; sur la proposition de M. Marie, l'ancien avocat du *National*, la majorité discutait une loi qui renouvelait les lois de septembre, sévères, inflexibles, et M. Marie osait parler contre les journaux qui semaient la révolte : quel châtiment Dieu infligeait aux hommes qui si longtemps avaient prêché le désordre! La loi fut votée avec ses dispositions les plus inflexibles. Le même jour que l'Assemblée mettait le principe républicain hors de discussion, une proposition était faite qui révélait les plaies profondes qu'avait faites ce système; il s'agissait de la loi sur les concordats amiables : le rapporteur avouait que par l'effet de la révolution de Février, plus de sept mille maisons avaient suspendu leurs paiements à Paris, et vingt-cinq mille en province, bilan terrible pour le nouveau système de gouvernement qui avait pour cortége la banqueroute et la misère !

De temps à autre ces travaux étaient suspendus par de longues interpellations sur les affaires étrangères, ou sur la situation intérieure. Dans le système singulier du gouvernement qu'on nous avait fait, il dépendait d'un Représentant d'interrompre l'ordre du jour, et de jeter tout-à-coup une question interrogative à la tribune, tantôt sur l'Allemagne et l'Italie, ou sur l'économie politique et sociale. M. le général Cavaignac avait pris le bon parti ; maître souverain de la majorité, chaque fois qu'il était trop pressé, il l'appelait à son aide pour se dispenser de répondre. En se disant toujours aux ordres de l'Assemblée ( c'était son mot), il mettait la majorité aux cieux, et jamais on ne lui refusa un vote. Toutes ses idées furent adoptées, son système de politique intérieure et extérieure reçut sa consécration. Le général n'avait qu'un mot à dire et les votes venaient à lui : de nombreuses plaintes retentissaient à la tribune sur l'emprisonnement d'une si grande masse de prisonniers ; il suffit au général Cavaignac de dire qu'il y avait nécessité dans ces mesures pour que l'Assemblée n'écoutât aucune de ces plaintes déplorables ou de ces cris déchirants, et qu'elle passât à l'ordre du jour.

A côté de ce système de transportation qui jetait près de neuf mille prisonniers pêle-mêle sur des pontons, ouvriers, artistes, commerçants, gens d'étude ou de luxe, le général proposa un plan de

colonisation pour dix mille personnes en Algérie.
Avec cette démocratie qui devait faire le bonheur
de la France et du monde, ce n'était pas assez de
trente-deux mille faillites, des exportations en
masse, on ouvrait encore une large voie pour laisser écouler la misère à larges bords. Ce fut le général de Lamoricière qui, ministre de la guerre,
soutint le projet accueilli presque sans débat,
et l'on vit pétitionner presque un cinquième de
Paris pour obtenir le bénéfice de cette loi d'exil
loin de la patrie. Des convois se préparèrent : dans
tout le mois de septembre ces pauvres exilés s'em-
pressaient d'accourir sur les bords de la Seine,
avec leurs hardes, leur chétif mobilier ; le nom de
la nouvelle colonie emprunté le plus souvent à des
souvenirs historiques ou à des lieux chéris des environs de la capitale, était inscrit sur les bateaux ;
les colons recevaient la bénédiction du prêtre pour
leur étendard, et des chants s'élevaient jusqu'aux
cieux, tandis que les barques voguaient par les ri-
vières et les canaux, la Seine, l'Yonne, la Saône,
le Rhône jusqu'à Marseille. Un sentiment de tristesse vous saisissait au cœur en voyant tant d'in-
fortune produite par une seule cause, la révolution
du 24 Février. L'esprit poétique s'empara de ces

douleurs, et l'âme fut vivement émue aux chants d'adieu des colons de l'Afrique.

Pendant ces lamentables épisodes, l'œuvre de la Constitution élaborée était présentée aux débats de l'Assemblée , et pour les esprits qui croient qu'on constitue un peuple comme une société de commerce, c'était l'idée capitale. J'ai déjà dit que cette Constitution se composait de deux parties bien distinctes. D'abord une déclaration de principes empruntée aux thèses philosophiques et transcendantes du xviii° siècle ; depuis la Constituante, chacun des pactes politiques votés par les Assemblées, avait toujours été précédé d'un vaste code de droit naturel ; le plus souvent sorte de raillerie jetée aux générations, car en même temps qu'on proclamait les droits de l'homme, on méconnaissait par le fait ses priviléges, le droit de posséder et de vivre : la guillotine et la confiscation étaient la base du système. La seconde partie se composait d'une succession d'articles qui constituaient la forme du pouvoir et les conditions de sa vitalité politique et administrative.

L'Assemblée possédait un banc de philosophes, d'économistes qui devaient s'inquiéter beaucoup de la déclaration des droits. Ces sortes d'axiomes vagues, indéterminés, prêtent aux dissertations ; on peut parler abondamment de religion nouvelle, de morale, d'humanité, et la tribune se transforme en chaire d'école. Laissant de côté ces sortes de dissertations il n'y eut un débat sérieux que sur cette question : la société doit elle le travail à tous? L'affirmation avait toujours été soutenue par les délégués du Luxembourg et leur ami M. Louis Blanc. Il était curieux de voir qu'au moment où les habitudes d'oisiveté s'introduisaient parmi les ouvriers, où il y avait chômage général, les Représentants qui exprimaient l'opinion des travailleurs, vinssent soutenir le droit au travail, c'est-à-dire l'échange nécessaire de la main-d'œuvre et du salaire. La pensée de l'époque semblait mieux se réaliser dans l'assistance, c'est-à-dire la nécessité, le devoir pour la société de nourrir tous ses membres par le travail, s'il en existait, ou par le secours si le travail n'était pas possible. Ce dernier système prévalut dans l'Assemblée.

Parmi les nombreux articles de la Constitution, deux points paraissaient spécialement intéresser, c'était la forme même du pouvoir législatif : serait-il formé d'une seule Chambre ou de deux? Le principe du suffrage universel admis d'abord comme la base et le fondement de l'ordre politique actuel, on ne se divisa sérieusement que sur la question d'une ou deux Chambres ; tout le parti républicain, sans distinction de nuances, soutint la nécessité d'une souveraineté unique s'exprimant par un unique pouvoir, comme d'une idée plus simple et d'un jeu plus facile. Deux Chambres formulaient un système d'aristocratie dont on ne voulait plus. Les partisans des deux Chambres, tout le tiers-parti Barrot, les légitimistes, M. Dupin excepté, soutenaient que le meilleur moyen de prévenir les erreurs et d'empêcher le despotisme, c'était d'admirablement combiner l'action des deux Chambres se contrôlant l'une par l'autre, comme cela s'était fait par la Constitution de l'an III et sous la monarchie ; il fallait une seule Chambre pour constituer mais deux pour gouverner. L'unité triompha dans le vote.

La seconde question, non moins grave, était celle de la Présidence sur laquelle les opinions étaient encore très-partagées. Tout le parti ultra-démocratique, jusqu'à la *Réforme*, n'admettant pas la nécessité d'un président, roi dégénéré avec un autre titre, voulait seulement un pouvoir exécutif composé de ministres responsables élus par de l'Assemblée, laquelle se réserverait ainsi la plénitude du pouvoir comme la Convention Nationale. Un tiers-parti admettait un président avec l'élection, non plus du peuple, mais de l'Assemblée elle-même ; moyen habile et certain d'obtenir le général Cavaignac. Enfin, et la grande majorité le désirait ainsi, le président devait recevoir la sanction du suffrage universel.

Tout ce débat, par une anomalie curieuse, se poursuivait pendant la durée de l'état de siége ; c'était pour la première fois qu'un peuple se constituait en présence de l'épée d'un dictateur.

# CHAPITRE CINQUIÈME.



DÉCADENCE ET FIN DE LA DICTATURE DU GÉNÉRAL CAVAIGNAC. — LEVÉE DE L'ÉTAT DE SIÉGE. — MODIFICATION MINISTÉRIELLE.

Toute dictature n'est durable qu'à deux conditions : sa nécessité évidente pour tous, ou une puissante énergie de caractère dans celui qui l'exerce. Voilà ce qui fit que le 18 brumaire se continua dans l'Empire : il y avait eu dix années d'une République violente ou corrompue, sans respect pour les droits et les intérêts; il surgit une intelligence ferme et impérative qui s'empara du pouvoir, la société vint à elle; Napoléon développa les conditions gouvernementales.

Ces conditions s'étaient-elles également rencontrées dans la situation politique créée par l'état de siége, et le général Cavaignac était-il un de ces hommes providentiels à qui de grandes destinées sont réservées par Dieu? Les jours de fatalité, de luttes et de batailles intestines au 25 juin, avaient

enfanté des haines plutôt qu'une situation régulière ; tous les vieux préjugés du libéralisme, toutes les objections incessantes contre le pouvoir
subsistaient encore dans le peuple et la classe
moyenne ; on consentait bien un moment au régime du sabre, violent, absolu ; mais organiser
une forme de gouvernement sur ces raisons d'être,
n'entrait pas dans les conditions de la classe
moyenne trop accoutumée aux formules de liberté
constitutionnelle pour y renoncer jamais. Le général Cavaignac n'avait pas d'ailleurs en lui-même
la capacité suffisante pour répondre à une situation si élevée ; c'était un soldat à la parole facile,
aux mœurs élégantes et qui n'avait de fermeté que
dans la forme extérieure ; son dévouement hautement prononcé aux idées républicaines le mettait
aux mains d'un parti qui, à moins de se frapper au
visage, ne pouvait admettre la dictature comme la
formule définitive de la République. Cette situation devait cesser, parce que ni les circonstances
n'étaient assez décisives, ni le caractère du chef
assez fortement trempé pour dominer les événements ; à la tribune, sur chaque interpellation,
M. le général Cavaignac répondait à peu près toujours dans les mêmes termes : « Je suis aux ordres

souverains de l'Assemblée, c'est à elle qu'il appartient de prononcer. » Comme le général était toujours sûr du vote définitif, par le fait, sa dictature n'en était pas moins souveraine.

Il faut voir maintenant les causes qui devaient nécessairement amener la chute de ce pouvoir. Les causes tenaient 1° à la situation des partis dans l'Assemblée et au-dehors; 2° au caractère personnel de ceux qui profitaient de l'état de siége. L'arrestation de quelques-uns des membres de la République extrême n'avait pas détruit la puissance et la haine des hommes de ce parti; si les instruments matériels étaient pour le moment brisés, l'idée vivait d'autant plus puissante que le dictateur la partageait sous bien des rapports, et que ses traditions de famille l'en faisaient complice. En partant de cette base, les républicains extrêmes et conséquents attaquaient l'état de siége et le général Cavaignac dans ses hautaines manifestations. Les idées de la démocratie se produisaient sous deux formes : le socialisme lui-même si divisé sous les nuances multiples de MM. Victor Considérant, Pierre Leroux, Proudhon, etc., puis la Montagne qui semblait alors prendre pour chef unique M. Ledru-Rollin.

Le socialisme était d'autant plus dangereux qu'on le laissait librement se développer sous des allures pacifiques qui allaient alors au sentiment des masses patientes mais avides de se venger. M. Proudhon exposait sa banque du peuple, folie sociale que les tribunaux déclarèrent presque une escroquerie; il fallait le temps étrange dans lequel on vivait pour apprécier comme un progrès de la civilisation le système d'échange qui était la formule générale du commerce chez les nations sauvages; on tournait la tête à ce pauvre peuple de Paris, enthousiaste et crédule, dédaignant les antiques croyances pour se jeter aux mains de tous les charlatans. M. Cabet avait aussi beaucoup de succès avec son Icarie; quand il y a malaise chez un peuple, il cherche à s'en débarrasser par les expériences, et c'est ce qui explique cet entraînement vers les nouveautés qu'il embrasse avec enthousiasme. Quoi de plus niaisement matérialiste que les idées de Fourrier ou de l'école de M. Pierre Leroux? mais elles flattaient les instincts, les espérances du peuple, et la multitude accourait à la voix qui se disait amie. Le dictateur laissait libres les enseignements de toutes les écoles, sans remarquer que les idées qu'elles allaient inculquer au peuple reste-

raient empreintes dans les âmes comme les stig-
mates d'un fer rouge sur la chair.

La Montagne encore séparée du socialisme (par
une éducation rétrospective) ne rêvait que la Convention et le Comité de Salut Public ; la guerre que
d'abord elle avait déclarée aux diverses écoles socialistes, était une réminiscence des violentes hostilités de Robespierre contre le parti matérialiste de
Chaumette, d'Hébert, et en général de la Commune
de Paris. La Montagne voulait un gouvernement
fort avec le respect de la famille, de la propriété,
en employant néanmoins les assignats, les levées
d'hommes et la vieille organisation des Jacobins ;
sans remarquer qu'il n'y avait pas de mains assez
fortes pour retenir le torrent, et qu'en matière de
révolution les extrêmes ont toujours le dessus.
M. Ledru-Rollin néanmoins saisit les circonstances du sinistre anniversaire de la première République française (22 septembre 1792), pour
développer dans un banquet solennel au Châlet,
les doctrines de son école. Ce fut une indicible
ivresse pour la grande époque montagnarde, qu'on
célébra comme l'ère de la régénération sociale :
on exalta la grandeur du système financier de Cam-
bon, le génie de Robespierre et le beau caractère

de Saint-Just, si méconnu. La manifestation, quoique rétrospective, devait laisser de profondes empreintes au cœur du peuple.

En se plaçant sur ce terrain qui devait un peu plus tard les rapprocher, il est évident que ni les socialistes, ni les Montagnards même ne pouvaient soutenir la dictature du général Cavaignac qui les avait rejetés loin des affaires : où étaient alors les plus fiers adeptes du socialisme? sur les pontons ou dans les prisons d'État. Les Montagnards les plus purs se trouvaient compromis par l'affaire du 15 mai ; dans toutes les réunions, les clubs ou les dîners politiques, on laissait vides les places du : « pauvre Barbès, du patriote Albert et de Louis Blanc : devait-on soutenir ceux qui les avaient si indignement proscrits? L'état de siége était un moyen de compression aux mains du pouvoir militaire, le plus tôt qu'on en serait débarrassé mieux vaudrait certainement, et on le pouvait par un vote; » or la Montagne mécontente unie au socialisme comptait cent-quatre-vingt-une voix dans l'Assemblée, évidemment hostiles au général Cavaignac. Entre ces deux fractions du parti républicain il y avait impossibilité de rapprochement, à moins qu'on ne fît de larges concessions aux idées et aux amis de M. Ledru-Rollin, que le parti des républicains politiques avait précisément voulu proscrire.

La majorité du dictateur se composait, je l'ai dit déjà, de deux éléments : les républicains sensualistes dont je viens de parler; et ceux-ci, maîtres du pouvoir, très-satisfaits, s'étaient complétement groupés sous l'épée du général; ils ne disaient mot ou même ils applaudissaient ouvertement à tous les actes arbitraires : que leur importaient les souvenirs de leur passé ! Avec l'empressement le plus oublieux, ils abdiquaient leurs vieilles opinions, les professions de foi de toute leur vie : à tous les actes arbitraires du général, applaudissements absolus : suppression des journaux, visites domiciliaires, désarmements, translations des malheureux ouvriers sur les pontons; tout était également juste et bien; le *National* avait à ce sujet d'admirables articles. Je ne crois pas qu'un parti politique se soit placé dans une double et plus mauvaise condition, celle d'abdiquer son passé à ce point d'autoriser qu'à l'avenir on le traitât lui vaincu, comme il avait traité les malheureux qu'on avait saisis sur les barricades de juin ou à côté. Dans une crise sociale on pou_ vait suspendre désormais les journaux opposants, désarmer leurs amis, ou envoyer leurs fidèles dans les prisons d'État. Quant au nombre des boules dont les républicains politiques pouvaient disposer, elles ne s'élevaient pas à plus de cent quatre-vingts à cent quatre-vingt-dix voix.

Leur appui principal était donc dans l'immense fraction de l'Assemblée, qui avec ses nuances diverses, s'était réunie aux salons de la rue de Poitiers. S'il n'y avait pas dans cette réunion communauté d'origine, sympathie même d'avenir, il y avait au moins cette conviction qu'avant tout il fallait soutenir le pouvoir dans la crise qui menaçait la société; et tous unis dans cette même conviction, légitimistes, anciens conservateurs, tiers-parti, gauche Barrot, entouraient également le général Cavaignac. Mais cet appui intéressé, conditionnel, devait être nécessairement limité par le temps, car il était plus le résultat de l'habileté que des sympathies. Nul de ces hommes politiques qui soutenaient le général Cavaignac, ne pardonnait au *National* sa conduite au mois d'avril 1848, quand il insultait avec dédain les légitimistes et le parti Barrot; maintenant, pour continuer leur dictature, les républicains politiques avaient besoin de ces votes : un tel mariage était frappé de nullité pour incompatibilité d'humeur, de souvenirs, de culte et d'affections historiques ! Il y avait d'ailleurs d'autres causes qui devaient faire cesser ce rapprochement.

Le dictateur avec tous les ménagements que lui imposait le besoin d'ordre et son alliance avec la rue de Poitiers, gardait des habitudes, des formes de langage, je dirai même des attachements de cœur qui le rapprochaient des idées, des souvenirs de la Convention et de la Montagne. Ces sentiments lui échappaient comme malgré lui ; la première question qu'il posait d'abord à tous était celle-ci : Est-il bon républicain? le certificat donné par ses amis du *National* était suffisant pour dicter ses choix. Or, avec l'attitude considérable que prenait la rue de Poitiers dans les affaires, une telle situation ne pouvait longtemps convenir. Tout parti qui donne appui demande naturellement des positions comme garantie ou comme récompense : quelle est l'opinion assez niaise pour dire incessamment : « Tout pour vous, rien pour moi, » lorsqu'à chaque moment on a besoin de son aide? Il devait donc résulter ou une rupture ou l'accomplissement de justes exigences, une fois la victoire définitive sur les Montagnards et les socialistes.

Il fallait juger le personnel et les entourages de cette dictature pour en être bientôt dégoûté. Tout pouvoir suprême, surtout dans un pays éclairé qui a peu de croyance, a besoin d'austérité, de dignité et de capacité : une de ces conditions se trouvait-elle du haut en bas de cette hiérarchie despotique? La vie privée dans le temps actuel est à peine murée, et l'on racontait tant d'anecdotes Louix XV parmi les plus fidèles de la dictature et sur les gouvernants d'alors, qu'en vérité il n'était plus permis de tromper personne. Les dehors d'austérité cachaient des faiblesses presque publiques; on dépensait beaucoup; le traitement du dictateur dépassait celui du président du Conseil au temps prospère de la Restauration. Sous prétexte de donner des bals et de multiplier les fêtes, M. le président de l'Assemblée Marrast, demandait que son indemnité fût portée à dix mille francs par mois. Il y avait un parfait contraste entre les craintes qu'on voulait semer dans le public pour le maintien de l'état de siége, et cette joyeuse quiétude des nouveaux marquis louant des loges à l'Opéra, aux Français, pour donner de l'éclat aux nouveaux pouvoirs de la démocratie. Ce contraste n'échappait pas plus à la réunion sérieuse de la rue de Poitiers qu'à l'esprit railleur des multitudes qui ne pardonne pas à la fausse aristocratie.

Ce qu'il y avait de plus curieux dans l'esprit du dictateur, c'est qu'il parlait incessamment de son amour pour la liberté, du faix immense que faisait porter sur lui le pouvoir absolu, et du besoin qu'il éprouvait de s'en débarrasser; tandis qu'il ne laissait passer nulle occasion de montrer son esprit despotique. Les journaux surtout l'importunaient; jamais on ne traita la presse avec plus de sans façon. Certes, tout le monde comprenait que durant l'état de siége et pour couvrir sa responsabilité sociale, le dictateur pût suspendre les feuilles qui attaquaient les grandes bases de la propriété et de la famille; mais ce qui étonna tous les esprits sérieux et impartiaux, ce fut l'arrêté du général Cavaignac qui suspendit la *Gazette de France*, à côté de quelques feuilles de la République sociale. C'est que comme sous le Directoire, le général, pour faire excuser les mesures prises contre un parti, frappait sur l'autre, sorte de bascule qui se rencontre souvent parmi les pouvoirs faibles et fanfarons : quel danger soulevait la *Gazette de*

*France* pour qu'on la supprimât sans procès? Le dictateur commit un acte bien plus absolu à l'égard d'un journal obscur et qu'on disait dévoué au parti légitimiste, la *Bouche de Fer*. Non-seulement il fit suspendre la publication, mais encore il ordonna de saisir la copie du numéro; chose inouïe, il lança un ordre d'arrêt contre les rédacteurs; violence semblable à celle qu'il s'était permise contre M. de Girardin, le 25 juin.

Le général Cavaignac qui paraissait dédaigner les traits de la presse en se plaçant toujours dans une auréole historique, était profondément affecté de la moindre attaque personnelle ; il parlait toujours de son respect pour la liberté, de la douleur qu'il avait de déchirer le pacte des droits publics, et à travers ces grandes phrases, nul pouvoir plus audacieux, plus despotique. Il eut même un instant velléité de suspendre le *Constitutionnel*, journal pourtant grave, qui discutait sans amertume et représentait ainsi le parti modéré de l'Assemblée. La réunion de la rue de Poitiers s'en émut : il se fit sur-le-champ une réunion de journalistes avec la volonté de protester contre l'arbitraire; premier acte sérieux de résistance. Puis vint la proposition Crespel contre la suppression des journaux;

la majorité la repoussa sans doute, mais elle fut accueillie avec intérêt. Quand une dictature est discutée, c'est qu'elle est à sa fin ; le premier acte de résistance à la tyrannie en amène vingt autres. La réunion de la rue de Poitiers commençait à se demander pour qui elle faisait tous ces sacrifices ! ce pouvoir était-il bien le sien , et l'opinion publique ne repoussait-elle pas enfin cette triste coterie qui s'était emparée des affaires le 24 juin ?

Les défauts de caractère du général Cavaignac devenaient de plus en plus saillants ; ses tendances, ses affections étaient pour la République ardente; un jour que M. Ledru-Rollin descendait de la tribune il lui serra cordialement la main, comme s'il approuvait ses doctrines; une autre fois entraîné malgré lui par la fatalité, il déclarait hautement à la tribune qu'il était glorieux et fier de son père, le conventionnel Cavaignac, et de son frère Godefroy : or, en fouillant dans les souvenirs du midi de la France, on trouvait bien des actes odieux dans la vie politique du conventionnel Cavaignac, paroles, actes faiblement contestés. Certes, rien de plus beau que de défendre l'honneur d'un père, mais quand on est chef d'un Gouvernement, on a la nécessité du silence pour certains actes que les générations réprouvent : quel besoin avait le dictateur de déclarer qu'il était fier et orgueilleux de son père le proconsul de 1793, qui ne s'était apaisé que sous la main de fer de Napoléon? Quant à son frère Godefroy, esprit exalté, fallait-il invoquer son souvenir devant une majorité composée des éléments modérés du dernier système de la monarchie? Dès ce moment l'on put prévoir la chute de la dictature.

M. Marrast, associé à la politique du général Cavaignac, dissimulait mieux sa pensée; plus souple, moins atrabilaire, il cherchait à satisfaire toutes les fractions de la Chambre, sans prendre d'engagement avec aucune. Sa pensée fixe était celle-ci : obtenir la vice-présidence de la République, sinécure de soixante mille francs qui pourrait lui permettre ses goûts de distraction et d'élégance; moins antipathique à la majorité que ses amis politiques, il n'était cependant pas l'expression de cette majorité qui lui donnait ses voix : serait-ce M. Marie, avec ses grandes phrases, qui aurait la confiance de l'Assemblée, ou bien M. Bastide, incapacité profonde, en hostilité avec le comité des affaires étrangères? Qui pouvait expliquer l'élévation de M. de Vaulabelle à l'instruction publique ? Esprit voltairien, on remarqua que dans la distribution des prix du mois d'août, il n'avait pas été parlé de la religion du pays ; M. de Vaulabelle pouvait-il plaire à la majorité, et son scepticisme allait-il à l'esprit catholique de la France ? La renommée libérale de l'auteur pouvait - elle tout suppléer dans l'éducation morale de l'enfance ? on avait M. Thouret qui remplaçait M. Trélat, et enfin M. Sénard, l'avocat à la faconde abondante, parleur de liberté et faiseur d'arbitraire.

Les plus remarquables de tous ces fonctionnaires c'était évidemment MM. Ducoux et Recurt, préfets de police et de la Seine : M. Ducoux avait acquis une grande renommée de fermeté dans le désarmement d'une fraction de la banlieue (Montmartre, je crois, et Belleville) ; il avait été dur, impitoyable envers le peuple, que lui ou ses amis avaient soulevé en Février 1848, et cette renommée l'avait fait porter à la préfecture de police. Écrivassier sur toute chose, il fut l'inventeur d'une espèce de bulletin statistique et explicatif affiché au coin de chaque rue, pour raconter quel était l'état de la capitale : après avoir multiplié les déclamations contre les partis, et fulminé

les excommunications d'usage contre la monarchie, M. Ducoux vous y disait le nombre d'é-
trangers entrés à Paris et sortis de la capitale :
les approvisionnements de la halle, des marchés,
et tout cela terminé par quelques compliments
enthousiastes à la République. Il était facile de
faire tomber l'administration de M. Ducoux par le
ridicule, on attaqua celle de M. Recurt par des
souvenirs odieux.

Il était dans la vie de tous ces hommes mêlés
aux conspirations anti-monarchiques, des circonstances bien fatales à leur existence actuelle, car
ces complots s'étaient mêlés à des actes profondément odieux : qui n'avait souvenir de la machine de Fieschi et de l'affreux attentat du boulevard du Temple (28 juillet 1835) ? Il se trouvait
que dans la déclaration faite par Pépin devant le
chancelier Pasquier, il désignait M. Recurt comme
ayant connu le complot et pour ainsi dire l'ayant
encouragé. Ainsi, on ne peut le croire, le fonc-
tionnaire qui présidait au département de la
Seine, était sinon le complice, au moins le Mé-
cène de Pépin, l'organisateur avec Fieschi, de
cette horrible machine qui avait ensanglanté tout
Paris. Ce qui paraissait à la fois étonnant et

triste, n'était cependant que la conséquence réelle de la situation et du triomphe de Février : les hommes qui arrivaient au pouvoir étaient les conspirateurs de trente années, mêlés à tous les complots sanglants ou atroces, à main armée ou les membres des sociétés secrètes ; appelés par la victoire à gouverner un pays régulier, ils se trouvaient donc en présence de leurs antécédents, de leur histoire tout entière, sorte de spectre de Macbeth pour la société, et c'est ce qui leur faisait une position si étrange.

Il se présenta encore une circonstance assez significative qui prouvait tout-à-fait l'impossibilité d'un gouvernement même moral avec la plupart de ces hommes de révolution ; ce fut la liste dressée pour les distributions des récompenses nationales : les délégués choisis pour former cette liste, tous issus de la révolution de Février, et procédant pour ainsi dire de son origine, avaient agi dans toute la naïveté de leur cœur, et ils avaient porté sur cette liste tous les condamnés politiques sans distinction. Or, parmi eux se trouvaient sans scrupule des condamnés au bagne, des assassins, des escrocs, à côté d'hommes convaincus mais honorables qui s'étaient consacrés à une idée, et avaient souffert pour elle : on verra le parti que les vieux amis de la monarchie tombée tirèrent de cette circonstance pour attaquer les triomphateurs, et ce n'était ni généreux ni juste : qui avait jeté le 22 Février, les séditions dans les rues et sur la place publique, si ce n'est M. Barrot et ses amis? Après la victoire de la plèbe, suppliants, agenouillés ils demandaient le droit de vivre et de respirer; nulle terreur ne fut comparable à celle de M. Thiers au mois de mars 1848. Maintenant il se vengeait par l'habileté.

C'était un véritable poignard enfoncé au cœur des hommes de Février, que cette enquête poursuivie avec un instinct malveillant sous la présidence de M. Barrot; on publiait l'une après l'autre toutes les lettres, les correspondances de ceux que le Gouvernement Provisoire appelait ses agents, et rien certes n'était plus humiliant pour le pays que la liste qui fut donnée des délégués des clubs réunis, lorsqu'on sut que le citoyen Longepied recevait des sommes considérables du ministère de l'intérieur. Quels hommes et quel style! Tous les journaux du tiers-parti donnèrent ces lettres en extraits; le *Père Duchêne* de 1793 était un véritable académicien à côté de ces sauvages illettrés que les clubs jetaient dans les provinces pour diriger les élections. Ces sortes d'armes sont infaillibles en France pour flétrir un parti, et l'on y ajouta la publication des comptes de la mairie de Paris, pendant les premiers temps de la révolution, véritable prodigalité de marchands de vins, ribotte continue et ouverte pour tout ce qui portait un fusil ou possédait une voix assez forte pour en imposer à la foule. Impossible d'obtenir d'autres comptes détaillés et précis; jamais sous aucun Gouvernement on n'avait fait un tel abus des fonds secrets : en faveur de qui, et dans quel but? Rien n'altère plus la considération d'un parti que ces sortes d'enquêtes financières, surtout lorsqu'on s'est posés en hommes purs et inflexibles.

On était alors en présence d'une épreuve! Les doubles élections et les vacances avaient rendu disponibles plusieurs siéges des Représentants; opérations retardées, soit pour l'accomplissement des délais légaux, soit à cause des événements de juin qui avaient suspendu toute affaire politique. Ces élections nouvelles avaient cette importance, qu'elles étaient un moyen de constater l'état des opinions dans le pays, et leur progrès depuis le mois de mai, date des dernières élections. Il est évident que les partis avaient alors quelque chose de plus franc, de plus osé, parce qu'ils étaient plus libres et moins sous l'influence de la terreur qu'inspiraient les clubs.

En tête de tous ces partis se trouvait le légitimisme qui, lié à une grande majorité du clergé, devait nécessairement exercer une puissance considérable sur la société. Avec une certaine réserve, ce parti reconnaissant la nécessité de l'union, s'était imposé le devoir d'aider le candidat de l'ordre chaque fois qu'il y avait doute sur son propre candidat ; les anciens conservateurs et le parti orléaniste, si profondément frappés par les journées de Février, avaient alors des prétentions au-delà de leurs forces et de leur importance ; si bien que si le parti des républicains habiles, au lieu d'insulter les légitimistes, s'était rapproché d'eux en adoptant la balance du suffrage universel, il aurait obtenu la majorité : mais les partis vivent plus souvent avec leurs préjugés qu'avec leurs intérêts réels. Il y avait une si grande habitude dans les vieux républicains philosophes d'insulter les prêtres et les royalistes, que ceux-ci se rapprochèrent des conservateurs.

Cependant, par condescendance pour le général

Cavaignac, certains hommes du parti conservateur que dirigeait la rue de Poitiers, consentirent
à accepter quelques-uns des candidats des républicains modérés, opinion qui ne fut pas ratifiée
par toute la presse, et spécialement par les électeurs qui voulaient donner un sens positif à leurs
suffrages : ainsi la province était parfaitement décidée à porter le maréchal Bugeaud parmi ses candidats, comme une épée dont elle aurait besoin ;
les masses ont l'instinct des noms qui couronnent
une situation politique ; Bordeaux voulut y ajouter aussi le nom de M. le comte Molé, qui person-
nifiait la partie honnête et très-élevée du dernier
Gouvernement.

Paris avait trois députés à élire. La réunion politique qui s'était chargée de diriger les élections,
n'avait osé présenter ni le maréchal Bugeaud ni
M. Molé; elle accueillit la liste commune, et trois
noms d'une politique incertaine furent désignés au
choix des électeurs, MM. Fould, Adam et Moreau :
qui pouvait voter avec foi pour ces noms sans
autre signification précise qu'une politique de ré-
publicanisme tiède, ou d'un monarchisme sans
couleur? Dès lors purent lutter contre ces candidats d'une si grande médiocrité politique, deux

opinions ardentes et passionnées, les Montagnards unis aux socialistes qui arborèrent leur drapeau et présentèrent leurs candidats.

On n'avait pas assez suivi le développement et le progrès du socialisme parmi le peuple; une transformation réelle s'était opérée depuis quelque temps, et le parti montagnard, représenté par M. Ledru-Rollin, avait dû céder le pas aux socialistes, qui disaient avoir trouvé la solution pratique de l'organisation du travail. Ceux-ci posèrent nettement la question à M. Ledru-Rollin : il ne fallait pas diviser les partis, et pour les réunir tous on porterait comme candidat M. Raspail. Cette transformation, si les Montagnards la voyaient avec jalousie, ils en comprenaient l'utilité, à moins de se perdre comme parti politique. Ce n'était plus en eux que la force était, mais dans le socialisme qui prenait une puissance démesurée parmi les prolétaires. Le peuple a deux belles conditions : une sorte de volonté et d'orgueil du bien, une crédulité enfantine pour tous ceux qui semblent prendre ses intérêts et prêchent sa cause, sentiments naïfs et nobles. Le peuple n'est donc pas coupable, mais les charlatans qui le séduisent.

L'esprit d'association est une grande force, vérité antique comme la société elle-même ; historiquement l'Assemblée Constituante de 1791 fit une grande faute en tout transformant en unité isolée et sans mutualité ; elle préparait le lit à la dictature. Un service rendu par l'école socialiste fut de renouveler dans les habitudes du peuple l'esprit des corporations et le retour aux formes et aux idées du moyen-âge ; par là elle brisait l'égoïsme du système révolutionnaire. Toute l'erreur de sa doctrine fut d'exagérer cet esprit d'association, et de le croire si puissant qu'il dispensait de tous secours extérieurs, et de ce qu'elle appelait le despotisme du capital. Il se fonda sous le nom et l'autorité de M. Proudhon, esprit vulgaire et parleur, mélange du teneur de livres et du clerc de notaire, des associations d'ouvriers sous la loi du mutualisme ; et ce qui était plus curieux, une banque qui devait réaliser deux idées, le commerce d'échange et le papier monnaie.

Les associations d'ouvriers avaient pour but d'agir indépendamment de l'exploitation de l'homme par l'homme, c'est-à-dire que l'association devait rester maîtresse d'elle-même et suppléer par sa force au capital dont elle ne voulait plus. Ce capital d'ailleurs elle devait le trouver dans la ban-

que du peuple, dont la création un peu mêlée
d'exploitation industrielle, devait suppléer à tout.
La banque du peuple avait deux missions : favoriser l'échange en nature, expression de l'état sauvage, beau retour vers la bararie, façon de commerce tel qu'il se pratique dans les îles de la Société ; puis créer un signe monétaire qui pût
suppléer aux valeurs de la banque ; or, l'échange
est de sa nature essentiellement limité ; le cercle
ne s'étend pas au-delà du besoin ; et le signe monétaire n'acquiert une réalité que par la confiance ; nul crédit n'existe sans cette condition.

Il y avait donc beaucoup de charlatanisme dans
l'œuvre de M. Proudhon ; déjà les associations fra-
ternelles avaient produit des rixes et des résultats
nuls : tailleurs, coiffeurs s'étaient en vain groupés
pour offrir leur industrie à des prix très-bas ; la
misère et la ruine en étaient la conséquence.
Néanmoins l'idée socialiste progressait ; elle flattait
la fierté de l'ouvrier, elle favorisait en même
temps les complots, les clubs secrets en créant une
société mécontente à côté de la société réelle.
On semait partout des haines profondes contre les
classes bourgeoise, commerçante et les banquiers ;
on enlevait toutes les idées morales au peuple ; le

vol n'avait plus son côté odieux et la propriété lui était comparée. Le socialisme moins encore un système qu'une arme était un moyen de bouleverser le vieux monde au profit de l'inconnu. De là sa puissance même sur le mouvement de Février, très-stérile en résultats populaires; les Montagnards étaient des hommes d'action plus encore que des hommes de rêveries ; les socialistes se posaient comme les penseurs de la révolution et la forme religieuse de la République ; d'où leur succès dans les élections du mois de septembre 1848.

Les élections constatèrent plusieurs résultats : 1° que les républicains politiques et modérés, ceux qui tenaient le pouvoir alors et la dictature, étaient désormais sans action sur le pays ; 2° qu'il n'y avait que les opinions extrêmes, les socialistes d'une part et la réaction de l'autre, qui pussent obtenir un succès électoral. Cette dernière opinion surtout prit un immense développement et plus de courage, car la société venait à elle. Dans les agitations civiles le parti qui a remporté la victoire la garde rarement pour lui; il est toujours dépassé par les extrêmes : est-ce que le 9 thermidor se fit au profit des Thermidoriens ? Le parti de la réaction en profita; cela doit être, car les opinions nettes sont les seules fortes. Après les journées de juin le parti vaincu en Février dut prendre sa revanche; la majorité des élections lui appartint et les républicains politiques furent complétement mis hors de question. La réunion de la rue de Poitiers prit la double force qui résulte d'un agrandissement de nombre, et de ce vent de réaction invincible qui souffle et vous soutient dans les affaires publiques.

Cette nombreuse fraction de la Chambre développant son système avec autant d'habileté que de confiance en elle-même, se hâta de séparer le général Cavaignac de son ministère : si elle soutint le dictateur de toutes ses forces, il n'en fut pas ainsi des membres de son cabinet; elle témoigna ses méfiances comme pour dire au général : « Ce ne sont pas les hommes dignes de vous et de nous; passe pour M. Bastide que le comité des affaires étrangères dirige et domine, ou pour M. Marie et pour le général de Lamoricière, brave et dévoué; pouvons-nous, pouvez-vous vous-même avoir confiance aux autres membres du cabinet? Si vous voulez vous assurer la présidence de la République par l'appui des honnêtes gens, si vous voulez que la France vous acclame, eh

bien, séparez-vous de votre mauvaise queue ! Pourquoi voudriez-vous subir la responsabilité des actes du parti conspirateur pendant vingt ans, tandis que loyal militaire vous serviez en Afrique ?
Votre présidence doit être une affaire nationale et
non pas un complot de parti. » Ce langage on le
tenait à peu près dans les mêmes termes à M. Marrast, homme d'esprit, enivré par la fortune, et rê-
vant une destinée infinie, une de ces prodigieuses
existences que la première révolution avait pro-
duites pour les souples et les habiles.

Chaque fois qu'il s'était agi de porter M. Marrast à la présidence de l'Assemblée, le parti de la
rue de Poitiers n'avait pas hésité et ses voix entières lui étaient données : toute parole de M. Cavaignac était obéie silencieusement, et la majorité lui était acquise avec soumission. Cependant
depuis le mois de septembre quelques tentatives
vinrent constater que la dictature pesait et que
les opinions voulaient enfin reprendre leur indépendance. On avait vu d'abord qu'à l'occasion
des journaux suspendus ou supprimés, M. Cres-
pel-Delatouche avait proposé un système mixte
pour garantir l'indépendance de la presse : si
la majorité avait accueilli les explications du dic-

tateur, on avait pu remarquer que c'était avec peine et sous certaines restrictions qu'un droit aussi absolu avait été continué. Cette fois l'état de siége lui-même fut attaqué dans sa forme et ses conséquences indispensables : déjà on avait invoqué les lois de l'humanité pour les malheureux prisonniers jetés sur les pontons ; et le dictateur, après quelques phrases sentimentales, avait déclaré qu'ils étaient parfaitement traités. Quant à l'état de siége, appelé à donner des explications au sein de la commission même, le général Cavaignac déclara que rien n'était plus incertain que la situation ; le repos de la cité lui paraissait dépendre de l'état de siége et de la continuation du pouvoir absolu. La commission céda par déférence, et l'ordre du jour fut prononcé sur la proposition.

Cette continuation d'un pouvoir si arbitraire était demandée, je crois, dans l'intérêt de la paix publique, mais aussi pour les besoins de la coterie républicaine qui voyait l'opinion se détacher d'elle : on ne pouvait plus la retenir que par la ruse ou la violence, et le général Cavaignac par habitude ambitieuse, trouvait une satisfaction intime dans l'exercice absolu du pouvoir bien qu'il se complût à répéter incessamment : « Qu'il avait trop de pouvoir. » Il parlait ainsi parce qu'il savait la majorité très-décidée à lui donner toujours davantage, avec sincérité, je ne le crois pas, mais afin de l'engager ou de le compromettre. Ce fut pour retenir ou catéchiser l'opinion que M. Sénard inventa son système des délégués dans les départements, destinés à raffermir la foi dans le système républicain ; c'était, comme on le voit, l'héritage du Gouvernement Provisoire un peu agrandi, la pensée de M. Ledru-Rollin dans sa réalisation plus étendue et plus élevée, parce que ces délégués devaient être choisis par le dictateur, au sein de l'Assemblée. On aurait formé de grandes directions qui auraient été assignées aux Représentants délégués par le chef du Pouvoir exécutif dans le but d'assurer sa présidence.

Ce système fut très-mal accueilli par tous les côtés de l'Assemblée. Au point de vue historique on y voyait une institution violente renouvelée des Représentants en mission en 1793, qui avaient laissé des traces de sang dans les provinces : les hommes qu'on allait désigner n'avaient pas la taille de ces proconsuls et le pays n'était pas disposé comme alors à se laisser conduire en esclave ; les Représentants en mission auraient inspiré plus de ridicule que de terreur. Avec un peu d'habileté on voyait quel était le but définitif de cette mesure : concertée entre le général Cavaignac, MM. Marrast et Sénard, elle était destinée à préparer les voix pour la présidence de la République : ne fallait-il pas les ramener sur le général Cavaignac! Ce but bientôt deviné, une grande effervescence d'opinions se fit sentir même dans le parti modéré, et il fut résolu par la rue de Poitiers que cette fois on romprait directement en visière avec la coterie des républicains habiles. Le projet de M. Sénard fut donc très-attaqué, repoussé, et le ministre en conçut tant d'humeur qu'il offrit sa démission qui ne fut point d'abord acceptée ; cependant le dictateur demeura parfaitement convaincu qu'il ne pouvait obtenir la présidence de la République que par l'appui du parti modéré.

Ce parti ne désirait pas alors la retraite de M. Sénard, esprit modéré ; d'autres ministres avaient moins sa confiance, par exemple MM. Recurt et de Vaulabelle ; la rue de Poitiers disait à M. Sénard : « Un ministre peut se tromper sans que pour cela une Assemblée lui refuse sa confiance ; si M. Sénard persistait à se retirer, le parti modéré mettait

un si grand soin à satisfaire le général, qu'il lui
proposait de remplacer M. Sénard par M. Marrast;
n'avait-il pas la même garantie de commun accord
et de bonne amitié? »

Le général comprit néanmoins la portée du vote;
on lui fit enfin entendre qu'en politique un parti
ne donnait son consentement, son appui, sa majorité que lorsqu'en échange on lui assurait une
large et juste participation au pouvoir; il résolut
dès ce moment de céder une partie de son ministère pour se fortifier des hommes dont la vie
politique était antérieure au 24 Février et que
représentait le salon de la rue de Poitiers. Cependant on résolut d'attendre une autre circonstance, car il y avait sur ce point de grandes difficultés à surmonter. On se rappelle que le ministère
formé ou accepté par le général Cavaignac avant
et après les journées de juin se composait d'un
seul élément, celui des républicains habiles de la
coterie du *National*. Jamais combinaison n'avait
été plus absolue; si donc on y touchait tout l'édifice allait tomber ou pencher, car l'unité était brisée. Cependant ceux-là même qui avaient présidé à
cette organisation ministérielle ne se dissimulaient
pas qu'il y avait de grandes médiocrités ou des

hommes compromis qu'il fallait sacrifier. La démission de M. Sénard une fois acceptée, on dut de toute nécessité lui donner un remplaçant, ainsi qu'à deux de ses collègues. M. de Vaulabelle avait montré dans son ministère une incapacité si notoire! M. Recurt, attaqué dans ses vieilles intimités avec le parti conspirateur, était signalé par la majorité comme l'esprit le plus avancé dans la démocratie remuante; s'il y avait donc une démission acceptée, celle de M. Sénard, il fallait procéder à un remaniement presque absolu du ministère.

Une circonstance se présenta bientôt à l'occasion du banquet démocratique de Toulouse, où le préfet du nom, je crois, de M. Casavan avait assisté. On y avait porté des toasts étranges et débité des harangues furieuses : une divergence absolue s'était manifestée dans la manière de voir des autorités militaires et de l'autorité civile; le ministre de la guerre, M. de Lamoricière, avait très-hautement approuvé le refus du général commandant. M. Sénard n'avait pas assez nettement désavoué le préfet; il se refusait même à le destituer. Dès ce moment la démission de M. Sénard devint inévitable, et il fallut aborder le remaniement du ministère qu'on avait retardé jusqu'alors. En souverain constitutionnel, le dictateur soumit ces questions à ses amis les républicains politiques : « N'est-il pas essentiel de marcher avec la majorité? est-il possible à un pouvoir de se passer de l'appui de l'Assemblée? » M. Marrast qui avait besoin de cette majorité pour obtenir la présidence, déclara très-explicitement qu'il était nécessaire de donner des gages à l'ancien parti dynastique, si l'on ne voulait se jeter dans la gauche extrême; alliance difficile et néanmoins inévitable. Dès ce moment on vit paraître dans le *National* des articles avec cette direction d'idées; il fallait avoir quelque pitié pour tant de résignation ! Ces fiers politiques qui naguère dédaignaient l'alliance des anciens monarchistes, expliquaient très - bien aujourd'hui comment elle était devenue nécessaire !

Des propositions furent donc faites à deux membres influents de l'ancienne coterie de l'opposition dynastique (ce que l'on appelait alors le tiers-parti) : M. Dufaure et M. Vivien; M. Dufaure n'avait rien de l'esprit politique fort et très-élevé : intelligence médiocre il n'avait que cette rénommée que donne la faconde d'avocat et une certaine spécialité de dossiers et d'affaires; tout procureur de première instance en possède autant ; au fond il avait appartenu à cette coterie indécise, incolore, qui avait jeté tant d'embarras sous la monarchie de Louis-Philippe ; tantôt avec M. Guizot, tantôt avec M. Thiers ou avec M. Molé, il avait au moins le mérite d'un refus motivé d'assister à ces banquets qui soulevaient les populations entières ; jamais il n'avait voulu s'y associer, se séparant ainsi de M. Barrot, l'imprudent esprit qui avait préparé les barricades de Février. M. Vivien avec la joyeuse et bonne vie d'avocat de la basoche, joignait quelques études spéciales, et dans une Assemblée ignorante et légère cela tient lieu de science supérieure. Le point très-important de cette première modification ministérielle, c'était que MM. Dufaure et Vivien ministres à portefeuille sous Louis-Philippe, prenaient la même position sous la République. On arrivait à un système de fusion ; M. Dufaure acceptait le département de l'intérieur, poste très-important ; M. Vivien remplaçait M. Recurt aux travaux publics.

Le choix de M. Freslon pour l'instruction publique n'était pas aussi significatif. M. Freslon avait été un de ces républicains de province, que la révolution de Février avait porté au rang de procureur-général; on pouvait lui trouver sous ce rapport quelque ressemblance avec M. Sénard. Nul titre au reste pour la direction scientifique; intelligence très-limitée, il correspondait aux opinions de la démocratie, et tel était son mérite. Si M. de Vaulabelle se retirait, c'est qu'il n'avait ni la parole à la tribune, ni le sentiment de son époque et des besoins de l'éducation : M. Freslon l'avait-il davantage? on le considérait comme un homme tout-à-fait dans les opinions du *National*, nouvelle garantie pour les républicains, qui néanmoins manifestaient leur mécontentement à la tribune.

Le lendemain de la formation du nouveau ministère il parut une sorte de proclamation de M. Ducoux, préfet de police, annonçant d'une façon prétentieuse par la publicité des rues, qu'il avait donné sa démission, fondée sur l'avénement d'un ministère qui admettait dans son sein les ennemis de la révolution de Février. C'est en partant de cette base que des explications furent demandées en pleine Assemblée par M. Portalis, républicain ardent et démonstratif : « Où marchait donc la République, puisqu'elle se mettait aux mains de ses ennemis les plus acharnés? »Le général Cavaignac attaqué dans sa pensée gouvernementale, répondit : « Qu'il n'avait fait que correspondre par son organisation ministérielle à l'esprit de la majorité de la Chambre, » ce qui était conforme aux règles du système représentatif. M. Dufaure, interpellé lui-même, déclara avec une certaine franchise d'expression : « Qu'en effet il avait servi loyalement la monarchie, et que c'était une raison de plus pour qu'il servît avec sincérité la nouvelle forme de gouvernement. » Il parla contre les hommes exclusifs qui avaient perdu tous les systèmes. Un vote de confiance sur les fonds spéciaux donna une forte majorité en faveur de la combinaison mixte.

Le nouveau ministère afin de populariser son avénement annonça par l'organe du chef du Pouvoir exécutif qu'il ne voyait désormais aucun danger à ce que l'état de siége fût levé par un vote de l'Assemblée, pourvu qu'on l'armât de lois répressives. Une commission fut nommée à cet effet, et son avis unanime se décida pour la levée immédiate de l'état de siége bientôt en effet prononcée. Ainsi finit la dictature du général Cavaignac et des républicains politiques, signe précurseur de la chute de leur pouvoir. Les idées et les intérêts de ce parti ne pouvaient se soutenir que par le pouvoir exclusif, absolu. Dès qu'il y aurait discussion libre dans la presse et à la tribune, le pouvoir de cette coterie serait réduit en poussière. Le général Cavaignac avec son orgueil sévère et dictatorial, sa faiblesse de caractère, ses passions, ses actes, n'avait pas une autorité assez élevée pour qu'indépendamment de l'épée il pût la garder longtemps. M. Marie perdu dans tous les partis, abdiquant, le front abaissé, ses opinions de la veille, pouvait-il lui prêter appui? Et quelle capacité que celle de M. Bastide pour la discussion des affaires à l'extérieur? Ministre d'une simplesse extrême dans la négociation, il y mêlait je ne sais quel caractère d'agitateur stérile : à la tribune pas un mot, pas une parole. Le général de Lamoricière avait quelque valeur, mais sans dévouement absolu envers le général Cavaignac, il s'arrangerait avec toutes les combinaisons.

La partie nouvelle qui entrait au ministère prendrait seule une certaine importance, parce qu'elle correspondait à la majorité de l'Assemblée. Le pouvoir du général Cavaignac ne pouvait vivre que par la dictature, dès qu'elle cessait la suzeraineté des républicains politiques était perdue.

# CHAPITRE SIXIEME.



———

La courte époque que je vais retracer dans l'histoire diplomatique de l'Europe est marquée de deux caractères très-saillants : on voit d'abord qu'un grand effort est tenté par le parti révolutionnaire : à un mot d'ordre donné, il éclate également partout dans l'Allemagne, à Vienne, à Berlin, comme dans les États mixtes de l'Italie, à Rome, en Toscane, en Sicile, en Hongrie, en Moldavie. Ce mouvement dirigé par la propagande, dont le centre est à Paris, ne prend plus de ménagement même envers la bourgeoisie ; ce qu'il veut, ce qu'il appelle hardiment c'est la démocratie pure, le système républicain, sans s'arrêter aux droits antiques, à la suzeraineté des rois ou des empereurs ; il n'y a plus à dissimuler : des bords du Rhin à ceux du Tibre c'est le même esprit.

De son côté le parti monarchique et militaire tente un effort vigoureux pour lutter contre la démocratie qui se démasque trop pour ne pas trouver des adversaires même dans la bourgeoisie. La lutte est maintenant franche et sans mélange d'opinions : ce sont les démocrates purs, les élèves des écoles, les prolétaires joints aux Polonais, aux Allemands qui résistent aux armées : partout le mot République retentit mais il effraye. Cet état de choses devient favorable à l'esprit de conservation : en politique les questions nettes sont presque gagnées, et le parti constitutionnel, une fois effacé, il ne restait plus en présence que la démocratie pure et la royauté s'appuyant sur l'esprit militaire de la vieille Europe : une grande fraction de la bourgeoisie, pour échapper à la désorganisation, devait tôt ou tard se joindre au pouvoir traditionnel dans cette lutte décisive.

Nous avons laissé l'Autriche aux prises avec deux éléments qui pouvaient amener la dissolution complète de ce grand groupe d'États: la force révolutionnaire et l'esprit des nationalités. Il arriva précisément qu'avec une grande habileté le pouvoir monarchique opposa l'une à l'autre de ces deux forces, et la nationalité absorba la révolution : ainsi le centre de la grande émeute était Vienne, et par ce seul fait, les Tyroliens, les Bohémiens, et jusqu'à un certain point les Hongrois, étaient hostiles à cette prépondérance.

Je reprends les fait : sur les pressantes sollicitations de la bourgeoisie viennoise, l'empereur Ferdinand était venu habiter Schœnbrün, et des concessions considérables étaient faites à la Diète par le ministère Wessenberg. Ces concessions ne suffisaient plus aux desseins francs et ouverts de la révolution ; la propagande la poussait à la proclamation de la République qui, devenue comme un talisman vénéré par tout le parti de la démocratie, ne voulait plus désormais de transaction. Poussé par quelques réfugiés polonais sous le commandement de Bem, aidé par la légion académique, le désordre des idées grandit ; une sédition éclata dans Vienne ; l'empereur et son ministère quittèrent Schœnbrün pour Olmutz, afin d'échapper aux violences de cette démocratie armée. Il se fit à Vienne un grand tumulte, lorsqu'on apprit le départ de l'empereur. La bourgeoisie et la Diète même en furent consternées ; l'Aula y vit au contraire un moyen d'arriver au système de la

République, dernier but de ses efforts, sans réfléchir aux conséquences. La bonne situation du
parti impérial venait précisément de cet état de
lutte qui allait surgir entre la bourgeoisie et la
démocratie à Vienne, entre la Diète régulière,
l'Aula des étudiants et le parti de la propagande
qui s'y rattachait. La Diète ne voulait pas briser
tous rapports avec l'empereur; loin de là, elle le
faisait supplier de rentrer dans la capitale; les dé-
putations se succédaient à Olmutz. Toutes les répon-
ses du cabinet étaient les mêmes ; elles rappelaient
les désordres, les assassinats qui avaient marqué
la présence des clubs à Vienne : « On n'avait respecté
ni l'âge, ni les services, ni les rangs; pas plus la
position des vieux généraux que celle des magis-
trats. La Diète pouvait avoir de bonnes intentions,
mais elle était alors sous le joug d'une minorité
séditieuse, et des clubs à l'extérieur. »

La situation de la bourgeoisie et de la majorité
de la Diète devenait fort délicate en présence de
l'Aula ardente et démocratique ; on savait avec
certitude, à Vienne, que deux grandes armées s'a-
vançaient du midi et du centre, l'une toute slave,
sous les ordres du ban Jellachich, l'autre bohé-
mienne que conduisait le feld maréchal Windis-

graëtz ; à Vienne, on avait tenté un grand coup contre la garnison ; deux ou trois bataillons avaient fraternisé avec la légion académique, si remarquée par son costume pittoresque ; l'étudiant de Vienne est théâtal ; il pose partout et toujours comme le Robin-des-Bois des ballades allemandes. Il y avait eu des banquets, de grandes démonstrations ; on s'était cordialement serré la main en vidant la coupe fraternelle ; une grande partie de la garnison, restée fidèle au drapeau, s'était retirée dans une position très-forte ; elle aurait pu sans doute attaquer la ville avec de l'artillerie, verser du sang à flots, mais les ordres furent exprès ; le cabinet de Vienne, toujours habile, ne voulait pas d'abord essayer un combat dont le résultat eût été incertain ; puis il était aisé de laisser engager une vive et menaçante lutte entre la bourgeoisie et l'Aula, afin de montrer l'oppression que le parti révolutionnaire réservait à la classe moyenne, si jamais il était triomphant. On remarquera que cette tactique fut constamment suivie par les gouvernements réguliers à l'égard de la révolution, et c'est ce qui les fit triompher.

Tout pouvoir menacé est de sa nature violent ; quand on a la tête ardente, il est rare qu'on ne s'épuise pas après quelques excès ; en même temps que les démocrates de Vienne voyaient s'approcher en cercle autour de la cité, les armées du ban Jellachich et du feld maréchal Windisgraëtz, les soupçons grandissaient contre les trahisons de la bourgeoisie : on dénonçait chacun et par cela même on marchait vers la dictature. Tout ce qui possédait quelque fortune quittait Vienne ; les routes étaient remplies de charrettes, de voitures ; les marchands murmuraient, et dès lors le parti révolutionnaire dut organiser un système de dictature ; une grande partie de la Diète qui avait pris part aux négociations au nom de la bourgeoisie, dut se retirer ou s'annuler ; les Polonais, la légion académique, les ouvriers assez nombreux à Vienne, à cause des chemins de fer et des manufactures de verre, d'étoffes, de draps, restèrent maîtres de la ville, firent des décrets d'emprunts forcés, des levées d'hommes : au dehors les Viennois avaient à combattre plus de cent mille hommes, et au dedans ils durent comprimer la guerre civile. On entretenait les idées de résistance en annonçant chaque jour l'arrivée des Hongrois, sorte de nouvelles très-utiles en temps de révolution ; lors du siége de Paris par Henri IV, les ligueurs se fortifiaient par l'idée que les Espagnols allaient se montrer sur les buttes Montmartre.

Les troupes slaves et croates du ban Jellachich, les bohêmes de Windisgraëtz prenaient Vienne par tous les côtés. Le siége commença par une vive canonnade sur le Prater ; toutes les issues du Danube furent fermées ; la brave et vieille garnison se trouva dégagée et put prendre part à l'ensemble des opérations stratégiques menées avec vigueur. La défense se continua pendant quelque temps avec le courage incontesté de la légion académique, des réfugiés polonais et des ouvriers. L'énergie de la défense était entretenue par l'idée et l'espérance d'un prochain secours des Hongrois : chaque jour, dans Vienne, on voyait placardée la nouvelle de l'arrivée de Maggyars accourus par milliers contre l'armée assiégeante. En révolution, les meilleures armes sont l'audace et le mensonge, moyens d'inspirer du courage aux amis et de l'hésitation aux ennemis. Après quelques jours de siége il s'éleva des divisions naturelles parmi les assiégés. Je ne parle pas seulement de la bourgeoisie très-mécontente de la révolution, mais encore d'une fraction modérée du parti républicain. Je ne sache rien qui prépare de plus

grandes divisions que les privations et les souffrances, et dès que le siége se resserra au milieu des
boulets et des bombes qui éclataient jusque dans
les rues de Vienne, il fut question de capituler :
quelles conditions seraient faites aux assiégés? Il
fut répondu avec une fermeté militaire que la
seule capitulation acceptée serait l'obéissance absolue, sans restriction ni promesse.

Cette condition impitoyable prolongea la résistance et produisit quelques nouveaux excès de la
dictature révolutionnaire; il fallut enfin subir la
loi, et Vienne tomba sous la direction de ses vainqueurs. La loi martiale fut immédiatement proclamée; l'état de siége que le général Cavaignac
avait appliqué à Paris sous la République, aidait
par l'exemple toutes les rigueurs de l'Europe envers les insurgés. De quoi les démocrates pou-
vaient-ils se plaindre? ne suivait-on pas leur exemple à Vienne ? La dissolution de la légion académique fut immédiatement prononcée; les chefs du
mouvement arrêtés comme cela s'était produit à
Paris après les journées de juin; il se fit des
exécutions militaires, justice ou répresailles durant les guerres civiles. Dans les rues de Vienne,
Jellachich suivi de ses manteaux rouges, au cos-

tume pittoresque fut salué d'unanimes applaudissements. En général les opinions révolutionnaires ne forment qu'une légère surface de la société,
la lave d'un volcan sur une terre cultivée ; le jour
qu'elles sont vaincues, comprimées, l'opinion réelle
surgit et éclate ; il faut bien faire la part des faiblesses et des lâchetés dans les époques de révolution ; Tacite a dit : « Le plus beau jour de la tyrannie, c'est le dernier. » Les âmes respirent à
l'aise.

Vienne était donc revenue sous la domination de
l'empereur, ou, pour parler plus exactement, sous
l'épée du parti militaire, qui avait pris en main la
cause de l'aristocratie et de la classe moyenne ;
comme la nationalité slave, représentée par le
ban Jellachich, avait joué un grand rôle dans les
événements du siége, le cabinet autrichien se
hâta de définir le sens des derniers actes de la campagne : s'il avait à ménager singulièrement la nationalité slave, qui venait de lui rendre des services signalés, il ne devait pas non plus dédaigner
l'esprit allemand qui avait son importance dans
l'Empire. Aussi le baron de Wessenberg, premier
ministre de l'empereur Ferdinand, dans une circulaire adressée à tous les ministres autrichiens

résidant auprès des cours allemandes, leur enjoignit de faire exactement connaître le véritable aspect des derniers événements militaires ; il ne s'agissait pas d'une guerre des Slaves contre les Allemands, comme cherchait à l'insinuer la faction révolutionnaire, mais d'une guerre de l'ordre contre le désordre, du pouvoir contre l'anarchie. En même temps l'empereur adressait une touchante proclamation *propria manu* à l'armée d'Italie : sous prétexte de nationalité, on avait cherché à diviser, à morceler cette brave armée, et l'empereur, en la remerciant de ses exploits, l'exhortait à la fidélité. Le feld maréchal Radetzki, à son tour, s'adressait à l'armée d'Allemagne au nom de l'armée d'Italie, pour la féliciter de la prise de Vienne et de ses succès contre l'anarchie. Il s'établissait ainsi comme dans Rome antique, une confraternité entre les armées et les légions ; l'Europe était sauvée par le parti militaire.

A cette situation nouvelle il fallait un pouvoir plus jeune, plus séparé de tout antécédent que l'empereur actuel Ferdinand qui ne pouvait ni tout oser, ni tout concéder ; la guerre aux environs de Vienne était finie ; maintenant allaient commencer des difficultés nouvelles à l'égard de la Hongrie.

Vis-à-vis de ce peuple l'empereur Ferdinand était engagé par sa parole et des concessions antérieures. Il était difficile dès lors de garder le sceptre et la couronne, à moins de se placer dans la triste alternative ou de manquer à sa parole ou de compromettre la situation. Il y avait longtemps qu'un grand parti, à Vienne, songeait à l'abdication de l'empereur Ferdinand, prince maladif, honnête homme comme toute cette grande lignée, mais tout-à-fait incapable de répondre à une situation difficile. Dans la crise qui s'était produite depuis le 24 Février, une femme, une princesse que j'ai déjà signalée, l'archi-duchesse Sophie, avait joué le rôle de fermeté et de puissante résolution; elle avait un fils de dix-huit ans connu déjà de l'armée et sur qui reposaient de grandes espérances : pourquoi en obtenant l'abdication de l'empereur et du père du jeune archiduc François-Joseph, ne lui offrirait-on pas la couronne impériale? Après les dernières secousses, l'empereur Ferdinand ne demandait pas mieux qu'une retraite silencieuse qui allait à ses goûts, à son tempérament! L'acte d'abdication fut proclamé, et le jeune souverain fut salué par l'armée, la noblesse et le peuple. Dans un manifeste très-modeste le nouvel empereur n'hésita pas à exprimer ses tendances pour la liberté régulière, afin d'attirer à lui la bourgeoisie qui n'était point suffisamment saturée du régime constitutionnel.

Dans la ferme voie qu'allait suivre le cabinet de Vienne, il y avait plus d'éléments de victoire et de répression ; le premier ministre du choix du jeune empereur fut le prince Félix de Schwartzemberg, dont la politique sans engagements antérieurs, pouvait se mettre en rapports directs et immédiats avec la Russie, le point capital de la situation. Le cabinet de Pétersbourg avait trouvé jusqu'ici des obstacles aux plans de répression qu'il se proposait de suivre et de développer à l'égard du principe révolutionnaire ; les amis ou les élèves de M. de Metternich n'étaient point dans cette opinion. Cette fois la crise européenne était si considérable, si profonde que l'on n'hésita pas à écouter les propositions du cabinet de Pétersbourg. Les renseignements précis du corps diplomatique ne laissaient aucun doute sur de grandes et inévitables tentatives qui seraient faites par le parti de la propagande en Hongrie. C'était dans ce pays sauvage et belliqueux qu'arborant l'étendard de la nationalité, la révolution essayerait une guerre à outrance qui pourrait compromettre également la paix de la Gallicie, de la Moldavie et de la Valachie ; il fallait donc prendre des précautions contre de telles éventualités, et ce n'était pas trop qu'une alliance offensive et défensive. Un traité secret immédiatement signé ( 6 décembre 1848 ), fixait le contingent d'hommes et la marche des opérations militaires (austro-russes). On sortait de la politique exclusivement allemande pour entrer dans l'idée du cabinet de Pétersbourg appelé à de si grandes destinées.

A Vienne, le système militaire se déploya dans toute sa vigueur. Sous prétexte que la Diète constituante ne serait jamais libre dans une capitale où siégeait l'émeute, cette Diète avait été convoquée à Kemsier. Sous le système ancien de l'empereur Ferdinand et du baron de Wessenberg, on avait compté dans les éventualités politiques, l'esprit et les actes de cette Diète ; mais dans la nouvelle série d'idées qui faisaient la base de la politique slavo-russe, il y avait très-peu à s'occuper des institutions populaires ; toute la question était dans l'armée. Or, de deux choses l'une : ou la Diète de Kemsier se montrerait soumise, obéissante et alors elle ne serait pas un obstacle, ou bien elle résisterait ; en ce cas l'idée ou la force militaire n'hésiterait pas à la dissoudre. Dès que le cabinet de Vienne entrait dans les pensées russes, toutes les constitutions bâtardes de l'Allemagne étaient également menacées ; l'opinion du czar était aussi défavorable à la démocratie en Germanie qu'en France.

Nous avons laissé le roi Frédéric-Guillaume en lutte avec les clubs de Berlin et l'Assemblée constituante, qui cherchait à comprimer la partie turbulente de ces associations populaires. Le système de milieu réussit rarement dans les temps de crise, et l'Assemblée de Berlin avait mis contre elle le parti fort et militaire de la répression, et la multitude anarchique. Les clubs avaient pris en Allemagne un caractère plus sauvage, plus inculte qu'en France; ils rappelaient l'école anabaptiste ; là il y avait des professeurs ardents et théoriques, des étudiants sombres héritiers des sociétés secrètes, qui de 1807 à 1819 avaient prêché l'assassinat comme un devoir et une gloire ; des paysans aux instincts grossiers et rapaces, des étrangers de tous les pays, professeurs de barricades, et cette multitude sans frein souvent avinée pouvait se porter à tous les excès. Par une politique habile le roi avait retiré toutes les troupes de

Berlin : elles étaient réparties dans un rayon de dix lieues, autour des murailles, de sorte que l'Assemblée et la garde nationale seules restaient aux prises avec les clubs ; et nécessairement cette situation amènerait une crise.

Ce que le roi de Prusse et son cabinet avaient prévu surgit bientôt. Toute Assemblée qui représente la classe moyenne et la garde nationale qui en est l'expression armée, ne peut voir les questions au même point de vue que les clubs, et les classes infimes qui s'y rattachent. Il doit nécessairement arriver un premier choc d'idées, puis peu à peu ce qui se dit à l'oreille se traduit tout haut en lutte réelle et en bataille des rues : il y eut donc une véritable sédition des clubs contre l'Assemblée ; des barricades s'élevèrent contre la garde nationale qui fut obligée de sévir avec violence à Berlin comme à Paris dans les journées de juin. On put remarquer l'attitude froide et indifférente du parti militaire dans cette circonstance. On aurait dit que ce débat ne le concernait pas ; la bourgeoisie de Berlin n'avait que ce qu'elle méritait par son alliance avec la révolution. Quand le roi crut la leçon assez dure et l'impression assez profonde, il organisa un cabinet dans le sens du parti militaire, et la présidence fut donnée au comte de Brandenbourg que la bourgeoisie et la garde nationale redoutaient comme un de ces hommes d'énergie chez qui les questions de liberté ne sont que très-secondaires à côté de celles de l'ordre et de la forme de gouvernement. Le choix de ce ministère produisit une sensation très-vive ; l'Assemblée fit de l'opposition, menaça d'un refus de l'impôt, et dans ces circonstances, diverses résolutions impératives furent proposées au roi par le comte de Brandenbourg. La connaissance parfaite qu'il avait des troupes était telle que le premier ministre put répondre d'une forte répression dans Berlin, et à cet effet il en confia le commandement à un des esprits vigoureusement trempés, le général Wrangel très-aimé du soldat.

Les propositions du comte de Brandenbourg furent celles-ci : translation de l'Assemblée dans une place forte ou une cité autre que Berlin ; état de siége de la capitale. Ces deux points furent admis par le roi qui, dans sa tendresse pour les traditions historiques, voulut y ajouter la concession d'une Charte ou Constitution émanée de lui. C'était la vieille querelle du roi historien contre le parti rationnaliste, débat qui s'était souvent produit dans les écoles. Le comte de Brandenbourg ne s'opposa point à cette volonté, et le même jour que parurent les ordonnances de translation du Parlement prussien, un acte spontané du roi formula une nouvelle Constitution établie sur une base très-large, mais qui ayant pour source sa volonté unique, pouvait toujours être modifiée. Le général Wrangel fut chargé de l'exécution de ces actes.

. Qu'on s'imagine les murmures, les agitations qui suivirent les actes émanés du roi : l'Assemblée de Berlin protesta : le parti démocratique, secondé par les libéraux extrêmes, voulut déclarer les ordonnances illégales et se tenir en permanence : résolution inutile devant les forces du général Wrangel ; quand un pouvoir veut fermement, il n'y a pas contre lui de résistance possible. Un nouvel acte prononça la dissolution de l'Assemblée ; le général Wrangel intima l'ordre pour que les Députés eussent à se séparer sur-le-champ, sinon la force militaire serait employée. Il y eut en même temps quelques tentatives de barricades qui motivèrent le décret de l'état de siége : un détachement de troupes expulsa un petit nombre de Députés récalcitrants du lieu des séances ; les sol-

dats, malgré les provocations, firent leur devoir,
et Berlin sous l'état de siége, comme Vienne, fut
rendu au repos et à l'ordre. Cette marche vigoureuse fit sortir la Prusse de l'ornière dans laquelle
jusqu'alors elle se traînait, un pied dans la révolution, un pied au dehors. Le pouvoir ne doit jamais
s'arrêter à ces criailleries d'Assemblées ; un peu de
fermeté et tout cela se perd en vain bruit et en paroles retentissantes.

Dans cette nouvelle situation, Frédéric-Guillaume se montra à toute la hauteur de ses devoirs ; le plan des révolutionnaires était d'abord
d'effrayer le cœur du roi par des paroles déclama-
toires et presque menaçantes ; il y eut une Assemblée à Breslau pour envoyer une députation au
roi Frédéric-Guillaume. L'adresse, à travers quelques formules respectueuses, gardait de ces allures d'injonction que le roi repoussa avec dédain.
La députation vit bien que Frédéric-Guillaume ne
voulait plus céder ; il le déclara en termes si précis
qu'il n'y eut plus à hésiter sur le sens de la politique très-dessinée du cabinet de Berlin ; alors le
parti révolutionnaire répéta son refus de l'impôt,
résistance passive tant de fois invoquée en France,
et que la presse considérait comme son palladium.

Les personnes calmes et sérieuses de l'Allemagne
ne comprirent pas précisément ce que signifiait ce
manquement aux devoirs envers l'État ; en France
notre caractère léger nous porte toujours à la résistance envers l'autorité. Il n'en est pas ainsi en
Angleterre, en Allemagne ; s'il y eut quelques révoltes, elles se limitèrent aux provinces rhénanes
où l'esprit français avait pénétré ; encore furent-
elles assez peu importantes. Partout la répression
suivit le refus, et les journaux du Gouvernement
purent railler tour-à-tour et menacer cette résistance impuissante.

Il n'y avait, au demeurant, que les grandes
cités d'Allemagne qui groupaient avec quelques
éléments de force, les opinions révolutionnaires : on les retrouvait à Dresde, à Munich, à
Francfort, un peu à Stuttgard et à Bade où les
idées françaises et suisses fonctionnaient plus ac-
tivement : dans toutes les cités aux richesses ma-
nufacturières, sur les chemins de fer, les grandes
voies de communication toujours ouvertes, il y
avait libre circulation des idées d'insurrection et
de révolte, idées qui devaient nécessairement aboutir à quelque prise d'armes ; le parti républicain
résolu d'en finir avec tous les gouvernements,

préparait un grand coup même à Francfort, ce qui plaçait l'Assemblée centrale dans une situation fort embarrassée ; elle brûlait du désir de montrer sa puissance ; se posant avec le droit universel de gouverner l'Allemagne, elle avait non-seulement désigné un vicaire de l'Empire, mais encore elle prétendait au droit d'élire un empereur d'Allemagne, espérant aussi que le roi de Prusse accepterait la couronne d'or du moyen-âge.

Jusque là cette puérile Assemblée de Francfort voulait se mêler de toutes les affaires de Berlin comme de celles de Vienne ; elle avait d'abord sévèrement blâmé la conduite des clubs prussiens, démocratie turbulente, dans cette grande agitation des âmes. Lorsque la dissolution de l'Assemblée fut prononcée, la Diète de Francfort, sous prétexte qu'elle représentait l'Empire tout entier, fit des remontrances à Frédéric-Guillaume auquel elle destinait la couronne ; le roi, tout en la ménageant dans ses paroles, déclara que l'affaire de l'Assemblée de Berlin était exclusivement prussienne et en dehors de la juridiction générale de la Diète ; il persista dans la double idée de la translation à Brandebourg et d'une Constitution émanée spécialement de la couronne. Mais où l'impuissance du pouvoir central de Francfort se montra tout entière, ce fut vis-à-vis du cabinet de Vienne, dans l'affaire du démocrate Blüm, un des ardents députés à la Diète, et qui avait présidé à la défense de Vienne. Blüm, révolutionnaire actif, organisateur des clubs, saisi par les Autrichiens, traduit devant une commission militaire, avait été fusillé sans que le pouvoir militaire de Vienne s'inquiétât de sa qualité de membre de l'Assemblée de Francfort : était-ce à ce point qu'on méprisait les priviléges de l'Assemblée ? A toutes ce plaintes on fit à peine une réponse: un nouveau ministère venait d'être formé, M. de Wessenberg, indulgent et timide, était remplacé par le prince Félix Schwartzemberg, et par le comte Stadion, esprits nets et fermes qui n'admettaient le principe de transaction qu'après la soumission absolue. On répondit que Blüm avait agi en ennemi, les armes à la main, et qu'on avait procédé militairement à son sujet.

L'Assemblée de Francfort en gardant ce milieu incertain perdait toute influence, et les clubs eux-mêmes résolurent une démonstration à main armée; comme dans toutes les Assemblées, il y avait un côté droit et un côté gauche, et les chefs de la droite étaient en exécration aux clubs ; il se fit donc une insurrection à Francfort ; la bourgeoisie se mettait en devoir de la comprimer , lorsque les prolétaires, poussés par des chefs infâmes, commirent des actes de cruautés inouïes. Le prince Lichnowski et le colonel d'Averswald furent lâchement assassinés avec un raffinement de douleurs et de tourments, qui supposaient l'absence de tout sentiment humain. C'était dans cette voie effroyable désormais que la révolution semblait s'engager sans détour ; les doctrines portent toujours leurs fruits ; quand on a perverti le sens moral d'un peuple, il ne procède plus que par des actes de cruauté. Ce sang versé ne fit pas plus d'impression que celui du général de Bréa à Paris, et de tant d'autres nobles officiers à Berlin ou à Vienne.

Ce dernier et sinistre événement commençait à donner un nouvel aspect à l'affaire de la Hongrie. Il y a plusieurs périodes dans cette question qu'il faut suivre et développer : la question hongroise ne s'était pas d'abord présentée sous un aspect hostile à la maison d'Autriche ; cet illustre et malheureux peuple avait prêté un loyal concours à son empereur et roi dans la campagne d'Italie : Kossuth lui-même , dans cette occasion , s'était montré modéré et très-dévoué à l'Autriche, en votant une levée considérable d'hommes. Deux causes avaient puissamment contribué à changer cette physionomie politique, l'accroissement nécessaire que les exploits du ban Jellachich donnaient à la nation slave-croate, et l'abdication de l'empereur Ferdinand que les Maggyars aimaient comme leur protecteur : l'abdication de cet empereur et l'avénement du prince Félix Schwartzemberg au ministère ne formaient-ils pas le prélude d'un système nouveau, dont le couronnement serait une invasion réelle dans la Hongrie ? L'élément polonais et révolutionnaire s'opposait de toute sa force à ce résultat, car tous savaient la puissance et la pensée définitive de la Russie.

Les fertiles provinces de la Moldavie et de la Valachie étaient rapidement couvertes par les armées moscovites qui avaient traversé le Danube, cette fois dans l'entente la plus cordiale avec la Porte-Ottomane. La légation russe à Constantinople avait parfaitement expliqué qu'il ne s'agissait plus de conquête et d'agrandissement de territoire ; les idées de révolution paraissaient si menaçantes qu'il fallait partout les poursuivre, et on ne dissimulait pas que les troupes qui se massaient dans les provinces danubiennes et sur les monts Krapats, avaient pour but définitif une campagne contre la Hongrie, de concert avec l'Autriche. Jamais un traité de mutuelle garantie n'avait paru plus désintéressé de la part d'une des puissances contractantes : la Russie s'engageait à mettre toutes ses forces sur le pied de guerre au service de la cour autrichienne, et à supporter elle-même tous les frais de campagne ; les objets pris chez les habitants seraient scrupuleusement payés par l'armée russe, et le cabinet de Saint-Pétersbourg mettait son orgueil dans cette croisade qui devait tant grandir sa prépondérance morale en Europe.

Dès que cette attitude nouvelle fut prise dans la question, les Hongrois se décidèrent à la résistance. Trois éléments se groupaient pour formuler une grande lutte : le pur maggyarisme, mélangé d'aristocratie et de nationalité, de privilége et de juridiction ; celui-là se serait très-bien contenté de la suzeraineté de l'empereur, roi de Hongrie, pourvu que les priviléges fussent maintenus sur le paysan avec une même supériorité sur les nations slaves, les Croates, les Transilvains qui, dans l'opinion des Maggyars, ne pouvaient être qu'une dépendance du royaume de Hongrie. Puis l'élément républicain bien moins considérable que le premier, faible minorité qui ne pouvait s'emparer du gouvernement que par l'audace. Enfin le troisième élément se formait de troupes polonaises, de Galiciens surtout, qui voulaient grandir la question hongroise à ce point d'amener l'émancipation de la Pologne tout entière. Il devait nécessairement se grouper de puissantes forces autour de ces trois idées ; mais comme conséquence il devait aussi surgir de grandes divisions : pourraient-elles toujours s'entendre, si profondément séparées d'intérêts et de doctrines ? Si les nobles maggyars avaient le dessus, le parti républicain les suivrait-il dans leur ligue féodale, et les Polonais qui rêvaient l'émancipation absolue de la patrie, se contenteraient-ils de lettres-patentes de l'empereur d'Autriche, confirmatives des priviléges de la nationalité maggyare ?

Le pouvoir paraissait jusqu'alors concentré dans Kossuth dont la vie n'était pas une, car n'était-ce pas lui, au moyen de sa vive éloquence, qui avait fait voter les homme et l'argent destinés à la guerre d'Italie ? Je le répète, l'avénement du jeune empereur, les forces du ban Jellachich changeaient toutes les dispositions. Kossuth donnait lui-même le signal de la résistance, en même temps qu'à Vienne des préparatifs considérables se faisaient pour dompter les Hongrois et les soumettre à la discrétion de l'empereur. Ce fut alors que le meurtre du comte de Latour vint donner à ces hostilités un caractère implacable ; le parti démocratique n'avait trouvé que ce moyen de compromettre toute la partie royaliste de la résistance. De leur côté les Slaves, les Bohêmes fidèles à l'empereur, indignés du lâche assassinat commis à Pesth, coururent aux armes pour seconder l'action de la politique autrichienne dans la répression des troubles de Hongrie. Au reste tout le parti démocratique en Europe portait ses regards sur cette résistance qui devait donner une nouvelle énergie au principe républicain.

C'est qu'en effet, Paris ne cessait d'être le centre et le foyer d'une vaste propagande. Chaque insurrection y avait ses représentants : la Hongrie, la Prusse, l'Autriche, l'Allemagne, l'Italie ; singulier ministre des affaires étrangères, M. Bastide sans les reconnaître officiellement se mettait en rapport avec eux par des amis et des agents intimes : répandus dans tout ce monde de journaux ministériels-révolutionnaires, ils multipliaient les fausses nouvelles, les documents inventés, et à l'aide de ces mensonges on dressait un plan de diplomatie tout-à-fait en dehors de la vérité. Il fallait entendre M. Bastide à la tribune, expliquant par quelques phrases vulgaires et nuageuses, la politique générale de son cabinet; on aurait dit qu'il menait le monde, tandis que le dernier des diplomates européens se jouait avec une admirable intelligence de cette pauvre capacité; lord Normanby n'était pas un homme politique bien fin et il conduisait M. Bastide au lacet; abaissement inconcevable quand on se rappelait les longues déclamations du parti républicain contre l'alliance anglaise. Il était dit que la démocratie donnerait ce triste spectacle au monde; elle qui dans ses bravades se comparait à un guerrier tout armé, n'était plus qu'un de ces géants montrés aux foires populaires, sans esprit, sans énergie, remuant la rapière sanglante et usée de 1793.

Pour comprendre toute l'importance du rôle que pouvait jouer la France, si elle avait été fortement conduite, il faut suivre une à une les questions engagées. Nous avons laissé les deux armées autrichienne et piémontaise, après l'occupation de Milan par les impériaux. Il eût été facile au feld maréchal de poursuivre son succès jusqu'à Turin : diverses considérations le déterminèrent à s'arrêter dans sa marche victorieuse. La révolution de Vienne, les mécontentements de la Hongrie paralysaient en ce moment une partie des forces de la maison d'Autriche, et il fallait à tout prix éviter que la France vînt se mêler des affaires d'Italie ; il était impossible qu'elle restât spectatrice d'une invasion autrichienne dans le Piémont. A Vienne, on savait parfaitement que vis-à-vis de la République française, l'Angleterre ne jouait qu'un rôle d'endormeuse. M. de Metternich écrivait ses conversations sérieuses avec lord Palmerston qui déclarait officiellement qu'en aucun cas les traités de 1815 ne seraient modifiés. On ne conçoit pas que sur ce point, à Paris, le général Cavaignac pût se faire la moindre illusion : comment croire que l'Autriche allait céder le Milanais, la Lombardie et Venise sans coup férir ? Cependant telle était l'illusion de M. Bastide qu'il ne craignait pas d'annoncer que l'indépendance de l'Italie était plus que jamais assurée.

Le feld maréchal avait consenti une trève de trois mois, et la question militaire ainsi suspendue, toutes les négociations devinrent diplomatiques, d'abord avec le baron de Wessenberg, puis avec le prince Félix de Schwartzemberg, après le changement de ministère. L'admirable caractère de la politique autrichienne, c'est la patience, et dès que des ouvertures de médiation furent faites par la France et l'Angleterre, elle s'empressa de déclarer qu'elle acceptait cette offre qui au reste ne l'engageait à rien. Une médiation réduite à ces termes n'est qu'un effet de bons offices, et puisqu'il y avait état de guerre entre le Piémont et l'Autriche, une médiation n'était qu'une formule régulière et bienveillante pour résoudre les difficultés et conclure un traité de paix; on ne fit aucune difficulté à Vienne ni sur la fixation du lieu de la conférence, Bruxelles ou Londres, ni sur le temps très-prochain de la convocation. Tout cela M. Bastide put l'annoncer avec orgueil, comme résultats obtenus sous son influence républicaine.

Les difficultés sérieuses commencèrent lorsqu'on engagea les négociations de forme et de fond ; le prince Schwartzemberg posa cette question avec netteté : En quelle qualité l'Angleterre et la France voulaient intervenir, et dans quelle limite se circonscrirait la négociation? Il fut répondu par la France que l'on prendrait pour base un remaniement territorial qui, sauf indemnité, laisserait à l'Italie centrale un point d'indépendance. A cela le prince Schwartzemberg répondit : « Que l'Autriche ne reconnaissait pas ce droit à la France et à l'Angleterre, qu'il fallait admettre pour base l'intégralité de la monarchie autrichienne, et limiter l'intervention aux conditions précises de la paix entre l'Autriche et le Piémont ; que si l'on étendait ces limites, le cabinet de Vienne se retirerait de la négociation générale. D'ailleurs l'affaire ainsi engagée ne pouvait point être l'objet de simples confidences, et serait nécessairement l'occasion d'un Congrès ; si l'on prétendait changer la circonscription territoriale établie par les traités de Vienne en 1815, il fallait au préalable convoquer les parties stipulantes dans ces traités ; car ce qui avait été réglé à sept ne pouvait être modifié à trois. »

Le but de toutes ces difficultés, c'était de gagner du temps ; il se passait des quinzaines entre les échanges de notes, et l'Autriche espérait que dans cet intervalle les affaires de la monarchie prendraient une meilleure direction. Vienne était assiégée par les deux généraux Jellachich et Windisgraëtz. Dès que la révolution fut vaincue, le cabinet autrichien tint un langage plus ferme encore ; l'armée du feld maréchal Radetzki qui n'avait pas été affaiblie, pouvait marcher sur Turin; on déclara donc que la médiation ne serait admise que sur les bases d'un traité entre le Piémont et l'Autriche. Certes si les actes avaient été en rapport avec les paroles, le général Cavaignac s'aventurant alors jusqu'à dire en pleine tribune, qu'on assurerait l'indépendance de la Lombardie, devait entrer en Italie, puisque l'Autriche déclarait qu'elle ne voulait nullement traiter sur ces bases. Après s'être si imprudemment avancé, comment cette politique se montrait-elle si timide? Un agent du roi Charles-Albert était venu pour demander l'appui militaire de la France, on lui répondit : « Que la médiation était ouverte, et nul moyen n'était plus efficace pour arriver à un résultat. » Tel était aussi le langage de l'Angleterre, qui n'aurait pas souffert une intervention française dans le Piémont : aux yeux de tous, cette médiation ne devait servir à rien ; l'Autriche la laissait s'avancer en ne l'acceptant que du bout des lèvres ; ses agents l'informaient qu'à Turin, ou il y aurait une paix immédiate, sans tenir compte de la médiation, ou bien le parti révolutionnaire triomphant, il faudrait de nouveau recourir aux armes, et la trêve serait brisée ; on devait donc traîner en longueur la médiation ; l'Autriche se montrant très-facile sur tous les points, désignait son plénipotentiaire, ou pour parler plus exactement, elle l'envoyait à Londres, tandis que M. C. de Beaumont y arrivait de son côté.

Il y avait chez le général Cavaignac une si bonne opinion de lui-même, une si grande conviction qu'il pourrait en finir, que chaque fois qu'on l'interrogeait, il paraissait maître de toutes les questions diplomatiques et les dominer du haut de sa puissance. Le marquis de Normanby qui connaissait ce faible, l'encourageait dans la voie pacifique, parce que les ordres précis de son cabinet étaient de le contenir dans une ligne prudente : aussi le général ne parlait-il que de son amour de la paix, répétant avec orgueil qu'il devait lui en coûter, à lui, homme de guerre, de parler si pacifiquement. Pouvait-il agir d'une autre façon ? Toutes les dépêches qu'il recevait du général Leflo, lui faisaient pressentir qu'au moindre mouvement, la guerre serait européenne, et que la Russie était prête avec ses immenses réserves. La paix paraissait une nécessité politique, et comme l'instinct du dictateur n'était pas très-étendu, il croyait fermement que l'Europe pouvait très-bien subir, sans s'alarmer, la présence d'une grande démagogie organisée en France.

Ce fut dans ces circonstances qu'il surgit une sanglante complication en Italie au sujet des affaires de Rome. On a vu qu'à un mot d'ordre de Paris, il y avait eu agitation parmi les républicains sur tous les points de l'Europe. On voulait en finir avec l'autorité pontificale, parce que, disait-on, le Pape Pie IX refusait de prêter la main à une prise d'armes générale contre les Autrichiens. Le Pontife avait dit : « Si les impériaux attaquent mes États, je me défendrai, parce que ce sera mon droit; mais il n'est pas dans les conditions pacifiques d'un Pontife d'attaquer même ses ennemis sous prétexte d'une idée politique. » Cette résistance blessait profondément le parti républicain, qui dès lors résolut un coup de violence contre Pie IX, qui naguère avait conquis tant de popularité par ses concessions; chaque jour il les multipliait; sous l'influence du comte de Rossi, l'administration était devenue purement laïque; Rome voyait deux Chambres haute et basse; est-ce que les concessions, même les plus larges, satisfont jamais le parti démocratique?

Ce parti résolut donc deux actes : la chute, la mort même du comte de Rossi (les sociétés secrètes des carbonari n'avaient pas oublié le poignard) ; l'abdication temporelle du Pape, la proclamation de la République romaine avec le simple Pontificat réservé à Pie IX. Les révolutionnaires, sous l'influence des réfugiés de toutes nations, ne voyaient pas les tristes conséquences de ces résolutions même dans leur intérêt ; c'était une immense faute que de se priver de la force morale du souverain Pontife en Italie, en Espagne, en France même, dans tous les pays catholiques ; quelque bienveillant que pût être Pie IX pour les idées révolutionnaires, jamais il n'accepterait la condition hérétique du simple épiscopat de Rome ; enfin en se jetant dans les idées tout-à-fait démocratiques on autorisait l'intervention autrichienne. Il faut donc croire que les révolutionnaires romains comptaient sur quelques paroles étourdies de M. Bastide ou sur quelques arrangements secrets de la propagande de Paris pour oser les actes de sanglantes orgies dont je vais parler.

Dans la ville éternelle, M. Rossi se rendant à la Chambre, fut frappé d'un de ces coups de poignard que les assassins de Rome lancent si bien, et il tomba baigné dans son sang au milieu de grands groupes ; et ce qui fut remarqué, c'est que nul ne rechercha l'assassin pour l'arrêter ; on jeta à peine quelques regards sur le blessé qu'un domestique prit dans ses bras. M. Rossi mourut sans prononcer une parole. Il y eut le soir presque une fête au cercle démocratique ; on se félicita de l'heureux coup de main qui délivrait la ville éternelle d'un ministre détesté. Comme il fallait songer à se mettre à couvert des poursuites, l'insurrection fut hâtée ; on devait se rendre en foule au Vatican, et là demander par de cris forcenés, que le Pape déclarât formellement la guerre à l'Autriche ; à cet effet on attaquerait l'antique palais dans une grande saturnale imitée de la révolution française.

Ce programme dressé au cercle démocratique fut exactement suivi ; la multitude mêlée de soldats soulevés, se porta au Vatican défendu avec honneur par quelques gardes suisses ; elle y commit tous les excès dans une immonde sarabande, où un cardinal fut blessé. Cette ignoble foule pénétra dans le palais, et le soir, victorieusement, on annonça que le Pape avait accepté un nouveau ministère composé de patriotes purs, lesquels allaient s'occuper des intérêts du peuple romain. Le plan

révolutionnaire était simple ; on ne voulait pas encore se débarrasser du Pape, mais le garder en
captivité pour obtenir de lui, par la force, une
sorte de sanction de tous les actes qu'il plairait au
cercle démocratique d'improviser dans l'esprit du
carbonarisme. Le premier acte porterait le scel du
Pape comme si c'était sa volonté pontificale.

Dès que l'attaque du Vatican avait commencé,
le corps diplomatique, sans en excepter M. d'Harcourt, ambassadeur de France, s'était rendu auprès
du Pape, pour le protéger et le défendre. Pie IX
lui avait remis une protestation contre la violence de cette journée, et immédiatement M. d'Harcourt dut adresser de pressantes dépêches à son Gouvernement. La première rendait compte dans les termes de la plus énergique indignation de l'assassinat
de M. Rossi ; la seconde racontait les actes de violence de la journée du Vatican. Il faut rendre cette
justice à l'ambassadeur de France, qu'il demanda
ou un ordre de rappel ou des instructions très-pro-
noncées dans le sens de l'autorité pontificale : tout
ce qui s'était passé lui semblait si odieux qu'il refusait de s'y associer. Ces paroles s'adressaient spécialement à M. Bastide, parce que l'ambassadeur
ne doutait pas que les vainqueurs du Vatican ne

trouvassent à Paris des appuis, même dans le Gouvernement ; n'était-ce pas toujours le même pouvoir d'origine des barricades qui promenait le désordre en Europe ? Cette dépêche jeta le conseil dans une grande perturbation.

Le général Cavaignac avait constamment en son esprit des sentiments en lutte ; son éducation, ses intimités, étaient républicaines, mais ses idées étaient pour le pouvoir ; il apercevait bien que ce qui s'était passé à Rome était un grand désordre précédé de l'action la plus détestable, un assassinat. Le général qui visait aussi à la présidence de la République, ne se dissimulait pas que pour arriver à ce grand but de ses efforts, il avait besoin du clergé ; or, une protection ouvertement accordée au Pape, n'était-ce pas se donner une splendide couleur religieuse ? D'un autre côté, il ne fallait pas trop méconnaître ces paroles du manifeste de M. de Lamartine : « Chaque pays qui conquiert sa liberté est par cela même souverain, et la République française ne peut lui faire la guerre. » De là cette distinction bizarre entre le Pape et le prince ; à l'un on offrait protection, asile ; quant à l'autre on ne se prononçait pas. La dépêche de M. le général Cavaignac est bien le morceau le plus

curieux de subtilité : on doit protection au Pape
et rien de plus. Ordre est donné en même temps
à une brigade de l'armée des Alpes de s'embarquer
à Marseille ou à Toulon pour se rendre à Rome
afin de servir de sauvegarde au père commun
des fidèles, et le décider à choisir la France pour
asile.

Cette démarche, parfaitement ridicule, retentit
partout comme un acte d'immense habileté ; les
journaux en font un bruit immense ; à chaque moment on attend un exprès, une dépêche télégra-
phique qui annonce l'arrivé du Pape à Marseille :
quel beau triomphe pour la République que de voir
le souverain Pontife qui vient en sanctionner la légitimité par sa présence. Tout le monde se fait dé-
vot : quelle résidence donnera-t-on au Pape? avec
quel cérémonial l'accueillera-t-on ? Le nonce écrit au
général Cavaignac pour le remercier et à M. Marrast, président de l'Assemblée, qui répond avec un
air de pieuse importance : on fera des fêtes religieuses, des arcs de triomphe. L'expédition est
prête, la brigade déjà embarquée, lorsqu'une
autre dépêche de M. d'Harcourt arrive ; à l'étonnement de tous, elle annonce que le Pape a quitté
Rome, qu'il a pris la fuite pour se soustraire à la

violence des démagogues. On doit dire à l'éloge de
M. d'Harcourt qu'il prit une part active et confi-
dentielle à la fuite du souverain Pontife; il n'hésita
pas à lui conseiller de se séparer d'une situation si
misérable avec un ministère qui débutait par l'assassinat et se continuait par l'oppression du pouvoir
légitime. Le Pape prit la route des États napolitains
par la montagne, annonçant qu'il allait se retirer
dans la solitude antique du mont Cassin. Il poussa
plus loin par la droite, jusqu'à Gaëte, la forteresse napolitaine sur la frontière.

En partant de Rome, le Pape Pie IX avait
adressé une protestation à ses peuples pour leur
expliquer la cause de sa fuite; il invoquait Dieu et
les hommes témoins de tout ce qu'il avait fait pour
la liberté et le bien-être de ses sujets : « Une
faction s'était emparée du gouvernement de l'État;
il n'était plus libre dans sa volonté, et le cœur na-
vré il abandonnait la ville des apôtres. » Le Pape fut
partout admirablement accueilli sur la route jusqu'à Naples ; le roi Ferdinand, lui-même, s'empressa d'accourir pour s'agenouiller devant la tradition vivante de l'Église. Une autre protestation
était également adressée au corps diplomatique
pour lui expliquer au point de vue des relations

extérieures, les causes de l'éloignement de Rome.
A peine installé à Gaëte, le Pape reçut la lettre du
général Cavaignac qui lui offrait un asile en
France ; avec sa sagacité ordinaire, le Saint Père
aperçut les termes ambigus de la dépêche en ce
qui touchait la souveraineté temporelle ; nul engagement n'était pris ; lui-même se tint sur la réserve, et tout plein d'effusion et de remerciement
pour l'offre généreuse d'un asile, il ne prit qu'un
engagement vague. L'éloge de la nation française,
catholique par excellence, dominait dans le bref
que le général Cavaignac dut conserver précieu-
sement ; les choses mondaines passent, les témoignages de l'Église se perpétuent dans des archives
impérissables.

Qu'allait-il surgir de cette situation nouvelle de
la papauté dans ses rapports avec ses propres sujets, avec l'Europe monarchique en général, et la
démocratie française en particulier? Un profond
embarras avait été produit à Rome par la fuite du
Pape ; il y eut un moment d'étonnement et de
consternation. Le parti démocratique avait besoin de
la présence de Pie IX pour arriver à ses fins ; la fuite
du Pontife jetait ce parti dans une voie nécessairement périlleuse. On ne pouvait se dissimuler que

l'absence du Pape produirait un grand vide dans la population; on la cacha même tout un jour. Enfin le cercle démocratique toujours actif, composé d'étrangers, d'Italiens exaltés, déclara que le Pape était au pouvoir d'un conseil de cardinaux qui l'opprimait : on ne composa jusque là qu'un Gouvernement Provisoire chargé de négocier le retour du Pape; les modérés préféraient ce mode de procéder; les ardents voulaient qu'on marchât droit à la République romaine. Les chefs du mouvement appartenaient les uns aux classes aristocratiques et princières de Rome, qui rêvaient l'indépendance du moyen-âge aux époques des tribuns; les autres étaient des réfugiés étrangers, quelques-uns même exilés de France à la suite des émeutes. Enfin un homme du peuple, artisan bavard, avec une certaine renommée parmi les Transtévérins, avait groupé quelques enfants perdus qui espéraient le pillage des palais.

Le parti des négociations prévalut d'abord à Rome secrètement encouragé par la France. Les républicains de Paris ne se dissimulaient pas leur embarras en présence des faits nouveaux surgis près du Capitole; ils auraient désiré le triomphe absolu du principe démocratique; mais comment caresser l'opinion catholique pour l'élection du général Cavaignac à la présidence? comment les grands pouvoirs de l'Europe accepteraient-ils l'acclamation du gouvernement républicain dans la capitale du monde chrétien? C'était donc pour éviter une crise sérieuse que le général Cavaignac conseillait de part et d'autre de mutuelles concessions. M. d'Harcourt pressait respectueusement le Pape de rentrer dans Rome apaisée, ou de chercher un asile en France. Le Saint Père répondait que rentrer dans Rome, serait s'exposer de nouveau à ce système oppressif dont il s'était heureusement débarrassé, et qu'entreprendre un lointain voyage en France, serait déserter sa propre cause. Il préférait donc le séjour de Gaëte qui lui offrait toute garantie de sûreté et de proximité.

Dans le vrai, le Pape Pie IX recevait du roi Ferdinand de Naples, du cabinet de Vienne et même de l'empereur Nicolas, la parfaite assurance qu'il serait garanti dans la souveraineté temporelle de ses États : « A Gaëte, environné de tous les respects, il pourrait attendre l'heure de la restauration de son droit : qu'on laissât à Rome la démocratie s'agiter ; la politique de Paris était incertaine ; politique de pitié pour sa personne, d'intrigue et de renversement pour son pouvoir; il ne pouvait, il ne devait avoir foi qu'aux anciennes et légitimes souverainetés. » C'est en partant de ces idées que le Pape repoussait toutes les propositions de la Commission de Rome qui le sommait en quelque sorte de rentrer dans ses États. M. d'Harcourt n'appuyait même que très-mollement les instances des démocrates romains, car il savait qu'il n'y avait dans leur sein nulle espérance d'un gouvernement régulier sous des intrigants et des fous.

A Rome, les cercles et les clubs poussaient à la République; oubliant tout ce que la liberté devait à Pie IX, ils commencèrent à proclamer la distinction entre la souveraineté temporelle et la juridiction spirituelle : « Le Pape n'était plus que l'évêque de Rome, et le peuple pouvait, s'il le voulait, s'organiser en République. » Les journaux et les clubs déclarèrent une guerre ignoble à Pie IX, afin de proclamer le système démocratique, résultat tumultueux qui allait exposer Rome aux plus grands dangers. Quand les partis ont une idée fortement conçue, ils ne reculent jamais devant les conséquences ; ils ont toujours quelque chose d'étourdi comme les passions;

c'est ainsi que sans réfléchir sur le résultat diplomatique d'un acte de déchéance contre un souverain reconnu par les traités, les démocrates italiens menacèrent le souverain Pontife de proclamer la République avec les pompes un peu ridicules de la Rome des vieux temps.

Cet acte depuis longtemps pressenti, devait mettre le général Cavaignac dans une situation difficile : était-il possible à lui, l'expression du principe démocratique, de s'opposer à son triomphe sur un point quelconque de l'Europe? Entouré de républicains, caressé par eux comme leur épée, avec un père conventionnel et un frère inflexible conjuré de la démocratie, pouvait-il abdiquer tous ses engagements en combattant la République romaine? Cette démocratie venait d'envoyer à Paris deux délégués qui, repoussés officiellement, furent admis dans des conférences particulières. Il leur fut dit : « Qu'ils ne pouvaient pas compter sur l'appui armé de la République française, livrée à ses embarras intérieurs, qui ne voulait pas se mettre toute l'Europe sur les bras; qu'on ne pouvait rien garantir, pas même l'intégralité des Légations inévitablement envahies par les Autrichiens. » Éconduits par le gouvernement français, les envoyés s'adressèrent aux chefs de partis, aux rédacteurs de feuilles démocratiques, espérant par tout ce grand bruit, effrayer, entraîner l'Assemblée et le Pouvoir exécutif dans les voies tracées par les républicains de la jeune Italie.

C'était pour complaire à cette opinion ardente et désordonnée que M. Bastide avait proposé au conseil d'envoyer une escadrille montée par un millier d'hommes pour porter secours à Venise. Dans les vues ignorantes de cette école de démocratie, on ne voulait pas croire que le cabinet de Vienne persisterait dans la possession du royaume Lombardo-Vénitien ; on croyait obtenir une République lombarde, une démocratie vénitienne, moyennant une indemnité fixée à quelques millions. Fausse idée résultant d'une étude très-incomplète de l'esprit des hommes influents et considérables du cabinet de Vienne : cette science n'est-elle pas la première condition de la diplomatie ? L'expédition était prête et officiellement annoncée, lorsque les premières observations furent faites par le cabinet anglais ; lord Normanby fit remarquer qu'en se jetant dans ces voies hostiles à l'Autriche, on compromettait tout-à-fait la médiation régulière sur l'affaire du Piémont ; car en envoyant une flotte à Venise, contre qui combattrait-on pour appuyer les assiégés? évidemment contre le pavillon impérial, et l'on ne pouvait être médiateur et ennemi; il fallait choisir le rôle.

Quelque très-limité que fût l'esprit de M. Bastide, il comprit l'exactitude de ces réflexions, d'autant plus que l'Angleterre ajoutait dans une note spéciale pour le général Cavaignac : « Que dans cette voie elle ne pouvait plus ni le suivre, ni le seconder, et que d'une petite affaire toute accessoire il pourrait résulter une guerre générale, et l'intervention russe dans les questions d'Occident. » Ces motifs déterminèrent un contre-ordre immédiat pour retenir l'expédition destinée à soutenir la République de Venise qui dut rester en dehors de la médiation, et devenir l'objet de négociations particulières : « En attendant, l'état de guerre se continuerait entre l'Autriche et les Vénitiens, sans que d'autres puissances pussent intervenir, pas plus la France que la Russie, dont la flotte était prête à quitter la mer Noire. N'était-ce pas assez des complications, déjà si nombreuses, que présentait la situation de l'Italie? » Tel fut le sens des notes de lord Palmerston au général Cavaignac. L'Angleterre réservait toute son activité pour entraîner la France vers une démarche sérieuse auprès du roi Ferdinand de Naples et de Sicile ; l'intérêt anglais poussait vers une séparation des deux États, et la République française lui servait comme une main puissante. Il y avait pour la France deux négociateurs : l'un, le comte de Rayneval, élève de la vieille et bonne école ; puis l'amiral Baudin, qui politiquement lié au parti révolutionnaire, respectait peu les faits acquis et les principes. Dans le droit diplomatique rien n'était à la fois plus violent et plus absurde que la position prise par la France et l'Angleterre sur le différent surgi entre le roi de Naples et ses sujets siciliens, si elle n'était le résultat d'un consentement volontaire du roi Ferdinand lui-même. De quoi s'agissait-il en effet? d'une querelle de prince à sujets, et nul ne pouvait se mettre entre eux qu'avec le consentement des parties. C'était un arbitrage volontaire et non pas une acceptation forcée comme semblait surtout l'entendre l'amiral Baudin.

Quoi! un chef de l'escadre de France venait dire qu'il était chargé de réprimer par la force toute démonstration du roi de Naples contre ses sujets siciliens, au moment même où la France et l'An-

gleterre prenaient hautement le titre de média-
trices : le roi Ferdinand de Naples, avec une convenance parfaite, avait accepté des conditions presque entièrement tracées de la main des médiateurs;
les réfugiés siciliens qui espéraient en la démocratie française, ne les avaient point acceptées
et c'était le roi de Naples qu'on en rendait responsable ! de quel droit l'amiral Baudin pouvait-il
empêcher l'expédition napolitaine en Sicile? Aussi
voit-on l'embarras du comte Rayneval, esprit timide, lorsqu'il communique les instructions de
l'amiral Baudin au prince Cariati; il se borne à
l'envoi pur et simple sans réflexion et sans com-
mentaire; il s'attend à un refus, presque à une rupture de négociations. Le prince Cariati tient pour
ainsi dire la note pour non avenue, et plus que
jamais se continuent les préparatifs de l'expédition
napolitaine contre la Sicile.

Ce qu'il y avait de profondément ridicule dans le
rôle que le général Cavaignac et M. Bastide faisaient
jouer à la France, c'est que d'abord ils s'avançaient
étourdiment outre mesure; ils menaçaient en ma-
tamores et lorsque le moment d'agir était venu, ils
reculaient devant les difficultés de la situation. Vou-
laient-ils faire un appel à l'alliance anglaise, celle-

ci stipulait dans ses notes des conditions impossibles. «Voulez-vous la guerre générale, disait-elle? l'Allemagne va se prononcer contre vous, la Russie arme ses flottes et dans cette voie nous ne pouvons vous suivre. » Le nouveau principe qui dominait la France ne lui permettait donc aucune alliance sérieuse, aucun pacte concerté; elle devait subir la loi générale ou oser la guerre universelle, la plus triste condition pour un État. C'est ce qui arrive toujours lorsqu'une nation adopte ou accepte un principe qui la met hors du droit européen.

Ainsi, à cette époque d'une grande crise diplomatique, la France n'a pas et ne peut même pas avoir de position au dehors, ni à l'égard des gouvernements, ni à l'égard des peuples. Sous l'empire de quelle loi générale et diplomatique va-t-elle se placer? Elle est partie d'un document devenu le patrimoine révolutionnaire de toutes les insurrections en Europe; le manifeste de M. de Lamartine, peut-elle le nier? M. Bastide n'est-il pas toujours ministre des affaires étrangères, et si elle en suit l'application, la paix de l'Europe est sérieusement compromise. Or, le programme du général Cavaignac, c'est la paix, parce que, soldat lui-même, il sait bien qu'on ne fait la guerre qu'avec des

armées sérieusement organisées et les gros bataillons. Quand on la commence qui peut en prévoir
le terme et en pressentir le développement?

Là était la faiblesse du nouveau système diplomatique : quand un parti se hasarde à ce point de
faire une révolution, il doit jouer son vatout et ne
pas espérer une conciliation impossible. L'Europe
a un droit diplomatique qui se fonde sur l'idée
d'unité héréditaire ; dès que le 24 Février avait été
accompli, il fallait attaquer de front cette idée sans
ménagement et accepter le duel, jeu terrible et
nécessaire dans les révolutions. J'ose croire, à
l'honneur de l'intelligence des hommes de ce
temps, qu'ils comprirent cette nécessité ; seulement
ils s'arrêtèrent en voyant une société qui ne voulait
pas, qui ne pouvait pas aller dans leur sens. La
France n'était point trempée à l'énergie de 1793,
et les triomphateurs de la rue n'étaient que les
mines des hommes et des gestes de cette terrible
époque !

La postérité portera donc le jugement le plus
sévère sur MM. de Lamartine et Arago, les seuls
esprits considérables qui méritent d'être distin-
gués dans cette foule ; ils jetèrent le pays, leur
patrie entière, la France, dans une grande aven-

ture sans en peser la conséquence, sans juger si leurs idées étaient comprises par la génération, si elles n'ébranleraient pas tous les intérêts, si enfin la France voulait les suivre dans cette voie de péril et de douleur! Qu'attendaient-ils de la crise? étaient-ils des aventureux qui espéraient satisfaire leur ambition, ou des hommes faibles qui cédaient à la crainte, ou des vaniteux que les éloges enivraient? Ils avaient voulu bouleverser l'Europe, et cette Europe se réorganisait dans les conditions de l'ordre et de la force tutélaire !

# CHAPITRE SEPTIÈME.



Dans toutes les circonstances de sa vie gouvernementale, le parti des démocrates politiques avait manifesté ses craintes et ses répulsions envers l'opinion napoléonienne. Il est rare que les partis comme les individus, n'aient le sentiment de ce qui les fera vivre et de ce qui les fera mourir, et les puissances issues de la révolution savaient bien où était la cause de leur décadence. Aussi dès les premiers jours du triomphe de Février, le prince Louis-Napoléon accouru à Paris, dans la pensée de voir tomber les sombres barrières de l'exil, reçut un accueil froid, compassé des membres du Gouvernement Provisoire ; on lui fit entendre qu'il serait la cause première d'un grand embarras, et le prince, avec une extrême convenance, s'exila

de nouveau volontairement et vint retrouver son
asile à Londres. Au milieu des grandes émeutes il
montra un zèle ardent et honorable pour la répression des troubles chartistes.

Quand l'opinion publique a pour elle le droit
de se manifester par le suffrage universel, ces
éloignements volontaires ne produisent qu'un
surcroît de zèle parmi les amis, et l'explosion des
sentiments est d'autant plus vive qu'on croit à la
persécution systématique. Il y avait donc mille
moyens pour le parti napoléonien de faire triompher la cause du prince dans les élections générales ou particulières. La force de ce parti reposait
sur plusieurs éléments tous d'une grande puissance : d'abord les chauds amis de sa personne,
actifs, dévoués, groupés autour de lui; le parti
napoléonien, d'un autre côté, avait des racines
profondes dans le peuple des campagnes, des cités
du nord et du centre de la France; quand ce
nom magique serait prononcé, tous les votes viendraient à lui pour le saluer et l'élire. Enfin, la
force du prince Louis-Napoléon résultait de la
répulsion immense qu'éprouvait la France pour
le fait accompli le 24 Février : qu'était l'idée
napoléonienne, si ce n'est la pensée de force et

d'unité opposée au caractère désordonné de la démocratie? Autour donc de cette idée, par haine des hommes et des choses de la révolution de Février, se groupaient tous les partis qui n'avaient nulle chance pour faire triompher actuellement leurs systèmes : les légitimistes purs, les partisans de la combinaison orléaniste, les conservateurs froissés, et ces opinions considérables s'unissaient à la grande popularité de l'Empereur. Les paysans, sous le chaume qui avaient son image à côté du saint vénéré, connaîtraient-ils un autre candidat que le nom de Napoléon ?

Aux élections générales du mois de mai, le prince fut élu et l'on a vu combien la haine du parti des républicains politiques s'exalta ; M. de Lamartine qui faisait si belle parade de ses sentiments généreux, vint lui-même proposer, au nom de la Commission exécutive, l'application des lois d'exil contre la famille Bonaparte ; la Commission étroite de pensée, mesquine jusque dans ses frayeurs, n'apercevait pas qu'elle allait. soulever la plus grande tempête en provoquant l'insurrection de de tous les partisans de l'idée napoléonienne. Les rassemblements commencèrent à se montrer sur divers points de Paris, et autour de la Chambre surtout; les journaux de toutes les nuances du parti politique, le *National*, la *Réforme*, jetèrent mille injures contre le *prétendant*. Le danger n'en était pas moins considérable, car toute la banlieue de Paris voulait soutenir la validité de l'élection ; la guerre civile était imminente ; quelques tentatives avaient été faites, et tout le parti républicain, alors maître des affaires, avait tiré l'épée, témoin M. Clément Thomas, qui dans un moment de colère aristocratique avait jeté le mot *canaille* aux groupes qui s'étaient formés devant la Chambre des Représentants. Cette Assemblée, pour éviter le conflit, valida l'élection de Louis-Napoléon Bonaparte, et l'autorisa de cette manière à venir siéger dans son sein. On était alors à la veille des événements de juin, au milieu des difficultés que faisait naître la dissolution des ateliers nationaux; le prince demeura donc à Londres pour y attendre la marche des événements.

L'histoire sérieuse peut-elle trouver un élément napoléonien dans les fatales journées de juin? Il dut se mêler à cette insurrection, comme toujours, les divers partis hostiles à la forme de gouvernement décrétée le 24 Février ; les bonapartistes comme les légitimistes en infinie minorité de combattants. Le caractère général de l'insurrection fut la révolte de l'ouvrier des ateliers nationaux, des clubs et des socialistes; il résulta néanmoins de cette émeute une si grande force pour le parti des républicains politiques, que sous leur dictature l'idée napoléonienne fut obligée d'attendre et d'espérer. A mesure que cette dictature s'affaiblissait, le mouvement bonapartiste devenait plus fort; et comme avec le système du suffrage universel l'opinion peut toujours se préparer une issue légitime, le prince Louis-Napoléon fut élu à Paris et dans plusieurs départements, la Moselle, la Charente-Inférieure, etc., avec des majorités considérables. Le côté grave de cette popularité était surtout qu'elle scindait en deux les forces démocratiques : une grande fraction des ouvriers même dans les faubourgs étaient pour le prince Louis-Napoléon, et dans la banlieue toutes les voix lui étaient acquises. Si bien que sur la question nettement posée, il y aurait eu division même dans la garde nationale, la force puissante du gouvernement civil et politique.

En présence de cette manifestation absolue de l'opinion publique et souveraine, il était difficile de s'opposer encore à la présence de Napoléon dans l'Assemblée; lui-même avait déclaré dans une lettre adressée à l'un de ses plus chauds partisans, le général Piat, que non-seulement il accepterait la députation, mais qu'il viendrait s'asseoir comme Représentant du peuple dans l'Assemblée. Le parti politique de la révolution de Février, fort inquiet des résultats électoraux, aurait désiré qu'un nouveau conflit s'engageât même dans les rues, à la suite d'une ovation faite au prince; il souhaitait, il espérait que des cris de *vive l'empereur* se feraient entendre de manière à rendre nécessaire la répression par la force. Les conseillers du prince, très-éclairé sur la marche des événements, lui écrivirent de garder le plus profond incognito, car la réception aurait été bruyante; chaque jour la rue de la Paix était remplie d'une foule compacte : on avait dit qu'il viendrait habiter la place Vendôme, et à cette nouvelle, autour de la colonne, se groupaient des multitudes de vieux soldats et de jeunes hommes récitant les histoires glorieuses du passé. C'était parmi les républicains politiques une rage d'injures, parce qu'ils apercevaient déjà que le grand adversaire pour la présidence de la République serait le prince Louis Bonaparte; et s'il l'emportait dans la lutte, que leur resterait-il à eux qui ne pouvaient se couvrir et se grandir que par la dictature?

Ce qui se révélait de plus grave encore, c'est que le nom de Bonaparte allait partager même les votes de la bourgeoisie de Paris. Il y avait incontestablement malaise dans les affaires; on essayait depuis six mois toutes les formes de la République : Gouvernement Provisoire, Commission exécutive, dictature militaire, et tout cela n'avait que plus profondément ébranlé le crédit, le commerce ; les maisons étaient sans valeur, les loyers mal payés, les impôts doublés, et malgré tous ces sacrifices les choses n'allaient pas mieux; quand on est mal, qui ne désire changer? Une grande partie de la classe moyenne avait donc la foi, la conviction profonde qu'avec le nom et l'idée napoléonienne, on mettrait un terme à la crise politique et financière; on désirait une nouvelle épreuve parce qu'on souffrait : sentiment qui se retrouve en toute chose. Une telle situation des âmes n'avait point échappé aux républicains politiques, et ce fut alors qu'ils proposèrent deux articles dans la Constitution, afin d'atténuer le suffrage universel. Le premier moyen consista spécialement à soutenir que le président de la nouvelle République devait être élu par l'Assemblée Nationale, qui seule représentait la souveraineté du peuple. Dans le développement de cette opinion, les républicains politiques furent appuyés par tout le parti Flocon, Ledru-Rollin qui, craignant le triomphe du prince Louis Bonaparte par le suffrage universel, espéraient plus de la Chambre que du pays ; ils voulaient marcher de surprise en surprise, et après avoir enlevé le principe républicain au 24 Février, ils espéraient s'emparer de la présidence. La vieille haine du parti jacobin contre les bonapartistes se révélait dans cette opposition ; les démocrates acceptaient tout, excepté l'idée du 18 brumaire qui les avait balayés autrefois avec la vigueur de la pensée napoléonienne. La légitimité leur paraissait moins redoutable parce qu'elle était plus douce, plus accommodante, plus facile à tromper.

Il ne faut pas croire que ces considérations fussent avouées à la tribune : il n'y a rien de plus dissimulé que les partis ; ils disent tout, excepté leur véritable dessein. M. Flocon qui se montra le plus ardemment dévoué à la pensée d'une présidence élue par l'Assemblée, fit valoir le principe qu'il n'y avait de souveraineté que celle des Représentants du pays, et que tous les pouvoirs devaient dépendre d'eux, sans en excepter la présidence. Au point de vue politique c'était réduire le rôle de président à celui de chef du Pouvoir exécutif, tel que l'était encore le général Cavaignac. En développant cette théorie, le parti républicain n'avait que le seul but d'échapper à l'élection du prince Louis Bonaparte, par le suffrage universel. Le général Cavaignac était à peu près sûr de la majorité par l'Assemblée; les républicains politiques, les fatigués, les incertains lui donneraient leurs voix, les uns par dévouement, les autres par suite de cette mollesse qui fait qu'on accepte ce qui est, pour éviter les secousses de ce qui peut être. Cette petite conspiration échoua parce que la majorité n'osa pas constituer une présidence si abaissée. Il faut même rendre cette justice au général Cavaignac, qu'il répugnait à voir dans la présidence un pouvoir si précaire qu'une majorité pourrait capricieusement briser. Plusieurs de ses amis se trouvaient dans un grand embarras; si pour assurer la présidence au général d'une manière incontestée et sûre, ils désiraient que le choix fût fait par la majorité de la Chambre, en même temps ils sentaient le peu d'importance et de durée qu'aurait une œuvre pareille. Est-ce que la présidence brillante et royale telle que l'avait colorée M. Marrast, pourrait s'accommoder avec la révocabilité du président par l'Assemblée ? qui pouvait répondre d'ailleurs que la majorité serait toujours la même ; l'Assemblée Législative n'aurait-elle pas un autre esprit que la Constituante ? Les républicains politiques, dans cette alternative, se divisèrent et le principe de la présidence élue par le suffrage universel prévalut.

Vaincus par la Constitution, les démocrates cherchèrent à mettre des entraves à l'action politique de la présidence, en l'entourant de lois et de précautions constitutives ; on plaça comme addition et supplément, une série de lois organiques qui, soumises à l'Assemblée Nationale, devaient indéfiniment prolonger son pouvoir et gêner l'action du président qui serait élu ; si ce président était le général Cavaignac, on le soutiendrait de toutes ses forces ; si c'était le prince Louis Bonaparte, on l'enlacerait dans mille liens, de manière à lui imposer les hommes et les choses de la situation. Tel était le plan des républicains politiques, et ils obtinrent sur ce point la majorité en vertu d'une considération très-égoïste : plus longtemps se prolongerait l'Assemblée, plus longtemps aussi ils auraient le pouvoir et l'indemnité des vingt-cinq francs; un grand nombre de Représentants n'étaient pas sûrs, le moins du monde, d'être réélus; une continuation de pouvoir était une bonne fortune pour eux. Tous donnèrent ainsi leurs voix à la nécessité des lois organiques qui leur assuraient une douce existence. Il fut aussi décidé que pendant trois ans la Constitution serait comme l'arche sainte, que nul, pas même le peuple souverain, ne pourrait toucher. C'était s'assurer le repos pour toute chose : restait à savoir si les partis accepteraient cette situation qu'on leur avait faite étroite, inflexible.

Les élections du mois de septembre 1848 vinrent confirmer l'opinion de toute la puissance qu'exerçait encore sur les masses le mot magique de Napoléon; le prince obtint l'élection presque partout par les causes que j'ai déjà dites; l'opinion se porta vers lui comme protestation contre les hommes et les idées du 24 Février. Ces idées s'étaient montrées impuissantes, et les hommes plus stériles encore que les idées : ce n'est pas à la caricature mais aux souvenirs réels, positifs, que j'emprunterai le tableau de la situation d'alors. Le pouvoir même, après la cessation de l'état de siége, restait aux mains du général Cavaignac, appelant à lui deux hommes de l'ancien tiers-parti, MM. Dufaure et Vivien. Ces deux ministres avaient promis l'appui de tous les modérés dans l'élection de la présidence, et ils s'étaient véritablement donnés au général Cavaignac, corps et opinions : c'étaient des politiques, sans autre valeur que le parlage abondant, comme toute cette école du tiers-parti. Le général Cavaignac avait conservé tous les autres membres du ministère de sa dictature du 25 juin ; brillante pléïade où se trouvaient MM. Bastide, Goudchaux, Marie, homme d'une valeur si considérable !

Depuis la cessation de l'état de siége le général Cavaignac était dépassé ; son pouvoir n'avait pu vivre qu'en vertu de la dictature, avec le silence obligé de tous. Il y a des esprits ainsi faits : habitué comme il l'était à la vie d'Afrique, avec le commandement bref et le sabre à la main, le général était inquiet, malheureux de ne point voir courber toutes les têtes sous sa volonté seule. La presse, depuis la levée de l'état de siége, avait pris ses libres allures malgré les lois répressives qui, dans une situation ardente, ne servaient à rien. Un jury qui vient des masses est-il apte à la répression ? Le journalisme, comme toujours, se

divisait en diverses nuances dont il faut faire connaître le sens dinstinct. Le pouvoir du général
Cavaignac était défendu avec un certain feu par le
*National*, dont la position toutefois était devenue
très-délicate. Le journal était trop dévoué au général Cavaignac pour le combattre et arrêter le
développement de sa politique; il trouvait même
autour de lui, et en majorité dans le ministère,
ses amis, ses anciens rédacteurs, MM. Bastide et
Goudchaux; il avait intérêt à soutenir cette politique mixte parce que seule elle pouvait assurer
la présidence du général Cavaignac, liée alors à la
fortune du parti politique des républicains. Avec
cette présidence, M. Marrast était assuré d'avoir
la seconde place dans l'État, et ses amis garderaient
tous leurs positions. Aussi la polémique du *National*
était-elle embarrassée; s'il avait la parole démocratique, la pensée ne l'était plus; il expliquait
en termes très-ambigus l'alliance des républicains
politiques avec le tiers-parti, et le partage du pouvoir avec les anciens dynastiques : « C'était une
voie de conciliation, une alliance nécessitée par la
majorité de la Chambre des Représentants. »

*La Réforme*, encore toute meurtrie par l'état de
siége, cherchait à prendre une position mixte; si

elle admettait la présidence du général Cavaignac, elle désavouait hautement les récentes alliances qui l'unissaient aux dynastiques : était-ce pour arriver à M. Dufaure qu'on avait fait le 24 Février? Quelle honte pour la révolution et ses enfants les plus purs! La situation de *la Réforme* était d'autant plus difficile qu'elle était de beaucoup dépassée par les ardents de son parti, *la Vraie République*, *la Démocratie Pacifique*, et surtour par le journal le plus répandu alors, *le Peuple*, par M. Proudhon.

Pour qui allaient se prononcer tous ces organes, et quel serait le candidat définitivement choisi ou accepté, afin de l'élever à la haute dignité de la présidence? Il faut dire que toutes ces nuances avaient peu d'estime les unes pour les autres et des jalousies profondes. M. Proudhon, médiocrité sentencieuse, faux esprit dans un style d'avocat consultant, méprisait les Montagnards et M. Ledru-Rollin; il attaquait sans mesure M. Raspail et M. Victor Considérant. La grande antipathie était toujours entre les socialistes et les Montagnards purs qui ne voulaient pas encore se confondre d'une façon absolue; au banquet du Châlet il y avait eu quelques tentatives à cet effet, sans aboutir complétement; M. Ledru-Rollin ferait bien des concessions,

mais esprit d'une politique applicable, il avait peur
que les théories des socialistes ne vinssent compromettre et corrompre l'avenir de la révolution,
sans remarquer que dans ces temps agités ce sont
toujours les opinions les plus extrêmes à qui en
définitive appartient la popularité ! Il arriverait que
malgré lui, sans le vouloir, M. Ledru-Rollin subirait
le socialisme comme couronnement de ses doctrines. En attendant, les voix sur la présidence s'é-
taient divisées.

Les ardents ne pouvaient adopter le général
Cavaignac : quel était le républicain rouge qui
oublierait jamais les proscriptions de juin et les
exils de MM. Louis Blanc, Caussidière, la captivité
de Blanqui, Barbès et du généreux Sobrier? Est-ce
que les frères ne gémissaient pas sur les pontons?
En vain des grâces mendiées venaient de temps
à autre consoler leurs familles ; le grief était
au fond des âmes ! le général Cavaignac et les
républicains politiques , traîtres à leurs antécédents, étaient plus en horreur aux Montagnards
rouges et aux socialistes que les légitimistes. Il
fallait voir la guerre ardente, continue que les journaux de cette couleur faisaient aux faux frères, aux
traîtres du parti : qu'avaient-ils fait de la Répu-

blique? Ils demandaient la mise en accusation du général Cavaignac et de M. Marrast ; les clubs paraissaient encore plus irrités que les journaux, dans cette guerre de personnalité. Enfin appelés à se prononcer sur la question de la candidature pour la présidence de la République, les Montagnards et les socialistes se divisèrent d'une façon absolue : les uns portèrent M. Raspail, les autres M. Ledru-Rollin, ceux-ci au reste, plus nombreux que les adeptes de la toute petite église du socialisme. Les zélés ne voulurent jamais se séparer de M. Raspail.

M. le général Cavaignac avait commis une immense faute le 26 juin, en suspendant le journal la *Presse*, et en provoquant sans motif l'arrestation de M. Émile de Girardin. Quand la dictature que l'on exerce est passagère, et que l'on dépend de l'opinion publique, il ne faut jamais perdre de vue qu'un temps viendra où il faudra compter avec l'arbitraire que l'on a fait. M. Émile de Girardin était sorti de prison, et son journal revivait avec sa puissance d'abonnés et de lecteurs. En supposant le caractère le plus doux, l'esprit le plus patient, il était impossible que M. de Girardin n'eût pas un désir de se venger de cette persécution étrange ; esprit actif, distingué il n'était sorte de documents qu'il ne recherchât, et de griefs qu'il ne sût trouver contre cette coterie qui s'était emparée des affaires, et qui prêtait tant à la satire et à la raillerie : tantôt c'était M. Cavaignac se délassant à l'Opéra, et dont l'esprit aussi absolu que limité, ne voyait rien au-delà de lui-même ; tantôt on racontait mille chroniques sur M. Marrast, ses bals, ses réceptions : deux battants s'ouvraient devant le président de l'Assemblée, et cinq huissiers le précédaient ; à Versailles, dans un grand concert, il s'était assis dans le fauteuil de Louis XIV : on ne parlait partout que du marquis de la République avec des anecdotes semées d'esprit et publiées par le journal l'*Assemblée Nationale*, aussi persécuté, suspendu le 26 juin, et qui traitait les questions de toute la hauteur de son courage.

Trois grands faits furent exploités contre le général Cavaignac pour dépopulariser son élection, et l'on peut dire que la presse contribua à leur immense publicité. M. de Girardin soutint nettement que dans les journées de juin le général Cavaignac hésitant devant son devoir, avait laissé massacrer la garde nationale et quelques bataillons de la ligne. Ce grief prenait d'autant

plus d'importance, qu'il était développé par la
Commission exécutive presque en masse, et qu'il
résultait de l'enquête dont j'ai parlé; le journal
la *Presse* publia sur ce sujet une série d'articles
très-remarquables, et d'une précision qui laissait
supposer des intimités avec les membres mêmes
de la Commission exécutive. Il y avait là de
quoi profondément émouvoir la classe moyenne;
quoi, le général Cavaignac, si austère, si animé,
toutes les fois qu'il était question des journées de
juin, avait à peine fait son devoir dans cette bataille de la bourgeoisie contre l'émeute! entre lui
et une trahison il n'y avait que le fil léger d'une
lame d'épée !

Le second grief largement exploité par la presse,
fut l'incomparable admiration que le général Cavaignac avait professé à la tribune pour la mémoire du conventionnel Cavaignac, une des figures
les plus sombres, les plus ardentes parmi les commissaires de la Convention dans les provinces des
Pyrénées. Alors commencèrent les longues histoires, les odieuses chroniques : le conventionnel
Cavaignac n'avait pas seulement promené la guillotine dans deux départements, mais encore après
avoir fait acheter la grâce d'un père par une fille

noble, il avait livré le père au fer de la guillotine. On citait les dates des journaux, et cette circonstance amena un débat où chacun discuta le *Moniteur* à la main. Sans doute le général Cavaignac n'était pas responsable des actions de son père; mais la faute à lui était d'avoir, sans motif, sans nécessité évidente, invoqué la mémoire de ce père comme un titre glorieux. On peut comprendre tout le parti que M. de Girardin put retirer de cette circonstance contre la présidence du général Cavaignac : «Quoi, disait-il, vous osez prendre la responsabilité de tous les actes de votre père ; vous nous promettez une belle et honnête République! »

Il fut encore soulevé un troisième grief à l'occasion de la liste des récompenses nationales dont j'ai parlé : « M. Cavaignac, disait-on, qui parlait sans cesse de probité républicaine, d'honneur démocratique. avait approuvé néanmoins une liste de récompenses nationales qui comprenait des assassins, des voleurs, des repris de justice! » Le général Cavaignac n'était pas leur complice, nul ne pouvait lui faire cette injure, mais il était politiquement lié avec les hommes qui se faisaient honneur de tous les attentats commis contre Louis-Philippe depuis Fieschi jusqu'à Blanqui

et Barbès! ceux-ci pêle-mêle étaient portés et con-
fondus sur la même liste avec des ministres à portefeuille, récompensés pour avoir pris part à tous
les complots depuis trente ans ; être conspirateur de toutes les époques, devenait un titre
méritoire, non pas seulement aux yeux d'un parti,
mais dans la pensée du gouvernement du pays ; on
recevait même en cette qualité une pension à titre
de récompense nationale.

Cette liste est un si curieux monument de folie
et d'immoralité humaine, qu'on doit la conserver
au moins dans quelques fragments ; elle comprenait
deux catégories : l'une constituait des pensions
viagères de cinq cents francs, l'autre de trois cents
francs, toujours à titre de récompense nationale ;
l'exposé des motifs signé de M. le général Cavaignac ne craignait pas de dire : « Quel bienfait
qu'une rente de quelques cents francs, pour celui
qui pendant dix, vingt, trente ans, a lutté contre
la persécution, la prison et l'échafaud ! » Or, cet enthousiasme, à qui s'appliquait-il? à un relieur
inconnu, condamné à mort pour tentative d'homicide sur les agents de police; à un marchand
de salade également condamné pour tentative de
meurtre; à M. Bergeron, celui même qui avait été

poursuivi pour l'attentat du Pont-Royal ; à M. Frédéric Degeorges, condamné pour avoir pris les armes contre les armées françaises; ou à Delente, condamné pour vol qualifié ; enfin il y avait des condamnés pour bris de scellés, pour outrage à la religion, à la morale, tous les crimes flétris et punis par les Codes des nations civilisées. Au milieu de ces étranges héros, objets des récompenses d'un grand peuple, on trouvait M. Bastide, ministre des affaires étrangères, M. Caussidière, ex-préfet de police, M. Flocon, ancien ministre, M. Guinard, colonel de la légion d'artillerie, M. Marrast, président de l'Assemblée Nationale, M. Trélat, ministre des travaux publics ; enfin avec ces très-graves personnages, les enfants de Pépin, condamné pour l'affaire de la machine infernale, et la sœur de Lecomte, frappé de mort pour avoir tiré sur le roi.

Cette liste, bien capable d'exciter l'indignation de tous les gens de bien, était pourtant la chose la plus simple pour ceux qui l'avaient dressée ; les partis n'ont pas la même morale, la même honnêteté que la société en général ; ils vivent en vertu de certaines lois particulières qui sont en physique ce que les ténèbres sont à la lumière ; les cœurs

droits auraient frémi de se voir à côté de meur-
triers et d'homicides dans une liste de récompense
nationale; mais M. Bastide, ministre des affaires
de France, souffrait très-bien d'être placé à côté
de la sœur de Lecomte ou des enfants de Fieschi.
Le général Cavaignac, j'aime à le croire, l'avait si-
gnée sans attention, et M. Dufaure vint déclarer
qu'il n'en connaissait pas les détails et la nomen-
clature du personnel : était-ce chose croyable?
Quoi qu'il en soit, la publicité donnée à cette liste,
fut un coup mortel porté à la candidature du général Cavaignac. En France, il y a un sentiment
d'honnêteté et de pudeur publique qui repousse le
crime politique sanglant.

Un autre adversaire non moins puissant que la
*Presse*, fut le *Constitutionnel* qui se prononça ouvertement contre cette candidature; cela provenait de
plusieurs causes : d'abord du sentiment profond
et expérimenté de l'esprit de ses abonnés; il en
avait habilement étudié les tendances toutes bonapartistes, et un journal n'est que le reflet de ceux
qui le lisent; ensuite il y avait eu quelques mauvais procédés du général Cavaignac à l'égard de
M. Véron, le directeur du *Constitutionnel*. On pouvait remarquer à travers la médiocrité politique

du général un sentiment exagéré de sa propre valeur ; et la modestie étudiée de ses paroles à
l'Assemblée des Représentants, cachait l'orgueil
démesuré du pouvoir. Durant la plus grande rigueur de l'état de siége, le dictateur avait mis
en question s'il ne suspendrait pas le *Constitutionnel* qui importunait son gouvernement ; cet
acte eût été odieux d'arbitraire, car les articles du
journal étaient d'une modération extrême ; sur ce
point le dictateur se montrait constamment d'une
si grande susceptibilité ! Le *Constitutionnel* rendit
nuls les projets de ses ennemis, et arriva à les
détourner presque complétement. A mesure que
les temps devinrent meilleurs et que la puissance du général Cavaignac s'affaiblit, il fit faire
quelques démarches auprès de M. Véron, et l'in-
vita à venir le voir ; habitué par une situation de
fortune indépendante, par l'expérience des affaires,
et une certaine hauteur de caractère à ne pas s'é-
tonner ni s'effrayer, M. Véron se rendit à l'invita-
tion du général. Une longue conversation s'engagea, passionnée, colère, un peu trop impérative
de la part du dictateur ; froide, mesurée, quelquefois un peu railleuse de la part de M. Véron ; au
bout de cela une rupture trop légèrement traitée

par le général et acceptée sans crainte ni hésitation par le directeur du journal ; faute immense que cette guerre, car le *Constitutionnel* était un journal d'un grand crédit sur l'opinion populaire de la petite bourgeoisie ; et en soutenant la candidature du prince Louis Bonaparte, il lui assurait l'immense majorité des voix. C'est une faute considérable en politique de toujours traiter les hommes du bout des lèvres ; quand la presse est libre et les esprits indépendants, il faut respecter chaque individualité comme une puissance. On ne gouverne pas les hommes en les dédaignant.

Un autre journal d'une grande popularité, l'*Assemblée Nationale*, suspendu par le dictateur, avait hésité un moment sur le choix de sa candidature ; il eût porté volontiers le maréchal Bugeaud, d'une opinion si prononcée ; mais comme il n'avait pas de chance actuellement possible et réalisable, il se dessina très-nettement contre le général Cavaignac. La guerre que ce journal fit au dictateur était poignante, irritée ; il le prit par tous les côtés faibles ou saillants ; on fouilla dans le *Moniteur*, ce répertoire inflexible. Le général Cavaignac voulait s'assurer le parti clérical, et pour cela il flattait les évêques et les prêtres ; la rédaction du journal impitoyablement historique alla rechercher dans le *Moniteur* une proclamation du conventionnel Cavaignac à la suite d'une ignoble profanation des Vierges et des Saints dans sa mission du Midi. Comme M. Marrast était le complice de la candidature à la présidence, et qu'alors pour flatter le clergé il écrivait en style pieux au nonce du Pape, on publiait dans les colonnes de l'*Assemblée Nationale* un petit autographe de M. Marrast qui, invité à faire un baptême, déclarait qu'il ne croyait pas à la religion, et que s'il avait un nom patronimique à donner à l'enfant, ce serait celui de Robespierre ou de Danton. Tout cela contribuait puissamment à dépopulariser le parti du général Cavaignac.

Pour le soutenir parmi les divers organes de l'opinion publique, le général Cavaignac avait le silence *des Débats* et la rhétorique du *Siècle* qui arborait ouvertement le drapeau de son parti. La conduite *des Débats* depuis le 24 février avait été une sorte d'abdication de la vie politique ; frappé, étourdi par la terrible révolution, il s'était condamné à un système de gémissements lamentables ; de telles secousses n'allaient pas à son tempérament ; il restait sans voix sur les plus graves questions de l'ordre social, tandis que d'autres feuilles, l'*Assemblée Nationale*, surtout, affrontaient toutes le péril pour faire entendre leur parole. Ce silence timide il ne faut pas l'attribuer tout-à-fait à la faiblesse de caractère : un pouvoir régulier et déjà fermement établi est une si bonne chose qu'il peut y avoir utilité à le soutenir quel qu'il soit, et telle était la politique du *Journal des Débats*. Il avait appuyé le Gouvernement Provisoire, la Commission exécutive, puis la dictature du général Cavaignac, et comme cette dictature était un fait, il la soutenait encore en vertu de la seule considération qu'elle existait; hésitant devant toute espèce de commotion il aimait mieux appuyer le pouvoir que de subir d'autres chances, et dans ce but il comblait de compliments, même M. Marrast, que son pouvoir fini, il aurait persifflé du plus haut de ses dédains. Comme tout le parti conservateur, le *Journal des Débats* ne connaissait que la partie matérielle de l'autorité; triomphante, il la soutenait; chancelante, il la harcelait; à terre, il l'abandonnait, avec ce scepticisme de l'école universitaire, plus dangereux pour une société que les enseignements de la révolution.

Le *Siècle* soutenait la candidature du général

Cavaignac avec une popularité plus répandue,
plus retentissante parmi la petite bourgeoisie et
une fraction de la multitude; c'était une faute
pour lui, car l'idée napoléonienne avait fait tout
son succès. Cette ligne nouvelle amenait sa séparation avec la famille Barrot qui s'était nouvelle-
ment prononcée pour Louis-Napoléon; le rédac-
teur en chef, M. Chambolle, se retirait pour ne
pas accepter la candidature du général Cavaignac.
Contre cette candidature on vit s'opérer la fusion
des conservateurs, des légitimistes et du tiers-
parti.

La nuance Flocon portait le général Cavaignac en
grimaçant un peu, mais par haine du parti bonapartiste et par la crainte de voir triompher le socialisme tant redouté par les républicains d'action.
M. Flocon était plus rapproché du général Cavaignac que de M. Raspail, avec des nuances de
haine, de répulsion et de mépris : pour la Montagne, M. Proudhon était antipathique; il la dédai-
gnait tant! les uns aimaient Blanqui, les autres, Barbès; beaucoup auraient voté pour le romantique
Sobrier; jamais tant de divisions ne s'étaient pro-
duites dans un parti. Ce qui au contraire faisait la

force du parti napoléonien, c'est qu'indépendamment de l'enthousiasme que provoquaient l'idée de gloire et les souvenirs du vaste Empire, il y avait encore la vive répulsion qu'éprouvait la plus grande fraction du pays pour la démocratie; tous les partis s'étaient prononcés contre elle et voulaient prendre leur revanche contre la surprise du 24 Février.

Cependant la Constitution votée, on voulut donner de la solennité à sa promulgation. En général, lorsqu'une idée n'est pas accueillie d'enthousiasme par le peuple, on cherche à chatouiller ses émotions par les pompes, par l'éclat des célébrations; nulle époque n'avait vu des fêtes mieux dessinées que celles de la Convention et du Directoire; les pas des processions catholiques n'étaient pas mieux réglés que ceux des femmes, des vieillards, des enfants de la République. Le Gouvernement Provisoire et la Commission exécutive s'étaient un peu couverts de ridicule dans les dernières fêtes votives, où les vierges du Conservatoire et les bœufs aux cornes dorées avaient joué un si grand rôle; on ne voulait pas tomber dans les mêmes églogues, et la fête de la Constitution fut réglée avec plus de modestie dans le programme.

On devait élever un autel sur la place de la Concorde toute pavoisée des trois couleurs; chaque département avait son drapeau. Au jour indiqué le
clergé de la Madeleine devait se rendre procession-
nellement jusque sur l'autel où la messe et un *Te
deum* seraient célébrés; le président de l'Assemblée
Nationale, comme Moïse du haut de la montagne,
devait lire les tables de la loi au peuple, et des
cris d'enthousiasme devaient partout retentir.
Ainsi s'exprimait le programme; mieux eût valu
que cette Constitution librement soumise à la
France, reçût la sanction loyale et solennelle du
suffrage universel.

Le 20 novembre fut fixé pour cette grande célé-
bration; le temps brumeux dès le matin, plus froid
que dans les journées de décembre, se couvrit de
plus en plus et la neige tomba à gros flocons; le
vent fouettait les visages et une boue glacée gelait
les pieds des spectateurs. Cependant le programme
fut suivi en tout point et le cérémonial observé.
Au centre de l'autel un fauteuil fut placé pour le
général Cavaignac et pour M. Marrast, président de
l'Assemblée, qui grelottait de froid, lisant la Constitution à une foule peu considérable. La cérémo-
nie fut généralement triste; on se hâta de la clore,

et le soir un feu d'artifice, des girandoles de feu apprirent la joie publique pour la promulgation du pacte désormais si cher aux Français.

Ce pacte serait-il bien accepté ou même bien compris par la nation ? Il y avait dans cette Constitution des idées pratiques et des idées abstraites : ainsi la France acceptait bien l'institution de la présidence qui n'était que l'image de la royauté élective : un pouvoir unique qui centralise l'autorité, est une nécessité de tous les temps. A l'abri de cette présidence on pouvait combiner un pouvoir fort, comme avec le consulat de Bonaparte ; mais comment concilier la responsabilité du président et celle des ministres, l'indépendance du conseil d'État et l'action responsable de l'administration, la souveraineté du peuple et le refus de soumettre à son vote la Constitution qui allait régir ses destinées, la nécessité du calme et de l'examen réfléchi avec les votes d'enthousiasme d'une Assemblée unique. La Constitution ne réglait pas immédiatement le plus saint des principes, l'inamovibilité de la magistrature ; ce qu'on laissait en suspens sous le titre de lois organiques, n'était qu'un moyen de s'opposer par des embarras incessants au pouvoir du président de la République, si ce choix ne correspondait pas au vœu du parti politique du 24 Février ; alors l'Assemblée ferait une violente opposition par les lois organiques, on enlacerait la présidence de mille entraves, on lutterait contre son pouvoir en vertu de la souveraineté populaire. Singulière anomalie : est-ce que le président ne serait pas l'élu du suffrage universel ?

On eut un moment l'intention de retarder l'élection présidentielle ; les politiques n'étaient pas prêts, en attendant on aurait prolongé les pouvoirs du ministère et de son chef sous la surveillance de l'Assemblée , véritable usurpation du pouvoir. M. le général Cavaignac, avec beaucoup de loyauté, s'y opposa ; ce n'était pas seulement de la légalité, j'aime à le croire ; il y avait chez le général un grand sentiment de droiture. J'ajoute qu'alors le parti politique des démocrates se croyait à peu près sûr de l'élection du général Cavaignac ; les préfets écrivaient de bonnes dépêches, le parti républicain était très-serré et très-dévoué ; l'administration s'était d'ailleurs décidée à user de tous ses moyens d'influence au profit du chef du Pouvoir exécutif. Quoi ! influencer les élections, descendre à des coercitions plus menaçantes qu'au temps de cette monarchie qu'on avait renversée ! néanmoins la chose fut décidée afin de briser tous les obstacles.

Les difficultés venaient d'abord de la profonde division dont j'ai parlé déjà dans le sein du parti républicain et même entre des nuances qu'on croyait très-unies. Une vive querelle venait d'éclater entre la Commission exécutive et le général Cavaignac sur les journées du mois de juin 1848 : à qui la faute de tant de sang répandu? On se rappelle qu'avec une grande habileté le tiers-parti avait profité de l'enquête pour semer ces divisions, et la polémique de la presse l'avait envenimée profondément, à ce point que la question dut être posée à la tribune. Sur quelques paroles dites ou écrites, le général Cavaignac la provoqua lui-même; ses amis lui avaient préparé un beau triomphe, qui dans leur opinion devait assurer sa présidence. La Commission exécutive accepta le débat; les premiers coups durent être portés par un esprit politique d'une petite étendue, M. Barthélemy Saint-Hilaire, qui avait exercé près la Commission exécutive les fonctions de secrétaire. Il ouvrit le débat par une harangue très-longue, très-verbeuse, une façon de cahier historique écrit terre à terre, sans preuve et sans

fait nouveau, de manière que la Commission fit
une position admirable au général Cavaignac.
M. Barthélemy Saint-Hilaire répéta les griefs de
la *Presse* sur le défaut d'ordre et de prévoyance
dans les journées de juin ; préparé sur tous les
points , le général Cavaignac répondit par des
pièces et des documents ; son discours clair, précis,
avec une certaine élégance, produisit une grande
impression sur l'Assemblée et au dehors ; quand un
homme revêtu d'un grand pouvoir se défend avec
habileté, il est sûr d'un triomphe ; et en cette circonstance le général Cavaignac l'obtint ; il avait affaire d'ailleurs à des adversaires si médiocres !

Le but des amis du général Cavaignac fut
alors atteint, celui d'une grande renommée qui
devait préparer sa présidence ; le ministère lui était
entièrement dévoué, et afin de prouver que son
pouvoir n'aurait rien d'étroit et d'exclusif, le général sous le contre-seing de M. Dufaure, publia
une circulaire explicative pour appeler tous les
partis sur le terrain de la Constitution : « On ne devait plus s'occuper du passé ; ce qu'on avait voulu,
espéré ou écrit autrefois , serait oublié pourvu
qu'on adhérât pleinement à la Constitution qui
devait être la base de tout l'édifice politique et

civil. » Le ton de cette circulaire, au reste très-modéré, fut destiné à donner le plus de voix possible à la candidature du général Cavaignac ; en même temps toutes les forces de l'administration furent tournées vers le même but avec un grand dévouement ; préfets, sous-préfets, maires, chefs de corps, recevaient des brochures, des biographies écrites pour le général Cavaignac ; et ce qui était moins légitime, on répandit parmi la population des pamphlets contre le prince Louis Bonaparte ; un bureau fut organisé à cet effet ; une compagnie d'écrivains se forma dans le but de calomnier les concurrents du général Cavaignac. Il se manifesta dans la majorité du parti républicain un besoin de calomnie, une activité de dénonciation fort triste pour l'honneur de quelques hommes ; la caricature officielle n'épargna pas les railleries contre le prince Louis Bonaparte, l'argent fut trouvé en abondance ; qui l'avait fourni ? et sur quel service avait-il été pris ? les puritains firent bon marché à cette époque de toutes les règles de la comptabilité des fonds spéciaux.

Le prince Louis Bonaparte n'avait pas pour lui l'administration publique, mais une force d'opinion immense et des émissaires dévoués ; l'argent ne remplace pas le cœur et l'imagination ; pour le nom de Bonaparte il y avait du fanatisme. Des émissaires s'offraient tout seuls pour parcourir les départements, et la campagne surtout ; ils y apportaient l'image du prince que les vieux soldats comparaient au portrait de leur grand Empereur suspendu au foyer domestique ; quelques paysans dans leur simplicité croyaient que Napoléon n'était pas mort, et comme les Flamand du moyen-âge, ils espéraient voir revivre leur seigneur des antiques annales. J'ai dit en outre que la répulsion presque universelle pour le 24 Février, l'impôt des quarante-cinq centimes devaient aider singulièrement la cause du prince Louis Bonaparte, et compléter cette propagande naturelle. J'ajoute que les deux grands journaux : le *Constitutionnel*, la *Presse*, répandus dans les campagnes, réveillaient l'enthousiasme pour le prince Louis, tandis que les histoires sur le vieux passé de l'Empire étaient répandues jusque sous le toit le plus modeste.

Quand les choses furent ainsi préparées, le prince déclara hautement sa candidature à l'Assemblée des Représentants ; s'exprimant avec convenance et modestie, il prit l'engagement de faire respecter la Constitution et déclarant que tout ce qu'on avait supposé sur ses projets de renversement était de pures calomnies. Un second acte habile fut sa lettre au nonce du Pape, écrite avec une extrême modération, pour désavouer à Rome toute la conduite d'un autre Bonaparte avec lequel il n'avait plus de rapports. A la différence de tout le parti républicain, et pour montrer son esprit de hiérarchie, le prince appelait le nonce du Pape du titre de monseigneur ; il savait toute la puissance du clergé dans les élections futures, et il voulait l'avoir absolument pour lui dans les campagnes ; quelques évêques qui entouraient le général Cavaignac, et spécialement M. l'abbé Fayet, esprit flatteur de tous les régimes, avaient pris parti pour la candidature du chef actuel du pouvoir ; il y a toujours une tendance pour appuyer l'autorité qui existe de fait.

Dès que la candidature du prince Louis Bonaparte fut avouée à la tribune, une vive guerre fut déclarée contre lui dans tous les journaux de la République du 24 Février : « Quel service avait-il donc rendu pour se poser en candidat de la présidence ? Était-ce parce qu'il portait le nom de l'homme qui avait opprimé la liberté et confisqué la démocratie ? En supposant que le nom fût immense, était-ce une raison pour que Louis-Napoléon en héritât, et la succession dans le pouvoir n'était-elle pas la monarchie ? » Ordre fut donc donné par les ministres d'agir sur toutes les parties de l'administration publique, en faveur du général Cavaignac. Pouvait-on compter sur l'armée ? oui, sur la garde mobile, fanatique du dictateur ; oui encore, sur quelques régiments qui avaient servi en Afrique ; mais l'armée aimait les souvenirs de Napoléon, si souvent racontés dans les veillées, sous la tente. Depuis le 24 Février on l'avait tant humiliée ! quoi, il y avait une garde mobile à trente sous par jour, tandis que le soldat ne touchait à peine que le quart de cette paye. La cavalerie surtout était entièrement dévouée au prince Louis Bonaparte, et des régiments entiers avaient défilé aux cris de « vive Napoléon, » entremêlés même de manifestations enthousiastes pour l'Empereur.

Les fonctionnaires si influents quand l'élection se circonscrivait dans un cercle d'électeurs censitaires, n'avaient plus la même action sur le suffrage universel, qui comprenait et faisait agir le tumulte des masses. Les circulaires, les pamphlets avaient bien moins de puissance que quelques paroles dites à l'oreille par un vieux soldat ou par le curé. Dans chaque village on comptait ces vieux débris des armées de l'Empire ; aux veillées du soir de qui racontait-on la grande chronique ? quelle était la chanson la plus populaire ? Souvent le curé lui-même était un vieux soldat qui appelait de toute son âme le neveu de son Empereur. Le propriétaire du château, légitimiste, en avait assez des hommes et du système démocratique qui avaient menacé sa fortune et ses intérêts. On marchait à l'unité avec passion ; la France humiliée d'avoir subi un pareil joug, était impatiente de le secouer au plus vite ! Louis Bonaparte était sûr d'obtenir toutes les voix qui vibraient aux souvenirs de gloire ou qui correspondaient à un grand parti d'honneur ; tandis que le général Cavaignac obtiendrait les suffrages des fonctionnaires publics, d'une petite fraction du clergé, d'un tiers de l'armée, des républicains fatigués, et de ces esprits faciles et craintifs qui acceptent toutes les formes de gouvernement par cela seul qu'elles existent.

Dès le 1ᵉʳ décembre on put craindre que l'élection du général Cavaignac ne fût compromise. Les correspondances des préfets souvent si pleines d'illusions favorables au pouvoir, manifestaient des doutes ; c'était en vain qu'on distribuait des brochures, des biograghies laudatives; nulle popularité ne pourrait lutter contre celle de Napoléon, souvenir d'une immense gloire ; soldats, paysans, curés, tous marchaient comme un seul homme, tandis que les partis légitimiste et des anciens conservateurs appuyaient cette candidature, comme une arme d'opposition pour en finir avec les hommes de la démocratie. De là ces vives colères du *National* et de la *Réforme*, ces ordures jetées sur l'histoire de Napoléon ; tout ce que la haine peut inspirer était recueilli et répété par les organes du parti démocratique ; il n'épargnait pas la plus affreuse calomnie; j'ai sous les yeux les collections de brochures et de dessins caricaturés contre le prince Louis-Napoléon ; s'il y a rarement de l'esprit, il s'y révèle un caractère de haine implacable dans une coterie étroite qui à tout prix veut avoir le gouvernement de la France.

Au milieu de ces vives craintes les républicains politiques se tournèrent du côté des démocrates plus fortement prononcés : « Ne craignaient-ils pas de voir périr l'œuvre du 24 Février, n'était-il pas essentiel de se réunir et de se confondre dans le péril commun ? La présidence une fois assurée au général Cavaignac, on ferait une position à M. Ledru-Rollin ; c'était l'intérêt de tous si l'on ne voulait assister au triomphe du parti Bonapartiste. »

Cette fusion était impossible ; l'esprit ardent qui est l'essence des opinions extrêmes, calcule moins ses intérêts que ses haines ; or, comment depuis le 15 mai et surtout depuis l'état de siége du mois de juin, y aurait-il eu possibilité d'une alliance entre les républicains politiques, les Montagnards et les socialistes ? Il fallait pour cela oublier les inflexibles jugements des conseils de guerre, les exilés des pontons, les captifs de Vincennes et de Doulens, Barbès, Sobrier, Blanqui ? Une telle alliance serait repoussée avec dédain, avec fureur ! Aux yeux des socialistes et des Montagnards, les plus coupables d'entre les hommes c'étaient précisément les républicains tièdes et politiques qui avaient compromis l'œuvre du 24 Février.

D'après le principe du gouvernement démocratique, dès qu'il y avait une grande élection, les clubs étaient ouverts. Le spectacle qu'ils offrirent pendant cette période était triste et puéril à la fois : qu'on s'imagine des assemblées de parleurs sans mérite, s'insultant à la face par de hideuses injures, chacun s'exclamant à la fois, des orateurs à la tribunes restant court au milieu de leur harangue, sans facilité, sans élégance ; s'agissait-il des hommes ? on exaltait les misérables de 1792 et 1793 ; les noms les plus honorables étaient flétris, les plus criminels on les élevait dans des apothéoses. Nulle pudeur dans les appréciations des actes humains ; la mauvaise éducation faite par les livres publiés depuis trente ans, aussi bien par l'école révolutionnaire que par l'école libérale (M. Thiers avait fait autant de mal historique que M. Proudhon), se révélait dans le plus petit discours. Appelés à se prononcer entre les candidatures, tous les clubs démocratiques repoussèrent le général Cavaignac pour se diviser eux-mêmes en Montagnards et en socialistes.

Les Montagnards, hommes d'action dégénérés du Comité de Salut Public, devaient porter à la présidence M. Ledru-Rollin ; entre lui et le général Cavaignac il y avait un abîme qui venait de grandir dans le débat profondément irrité qui s'était élevé entre la Commission exécutive et le dictateur, à l'occasion des journées de juin. Le nom de M. Ledru-Rollin, présenté à divers clubs, y trouva une vive opposition : d'abord n'était-ce pas lui qui avait fait battre le rappel au 15 mai, contre Barbès, Blanqui et Louis-Blanc? ne s'était-il pas

rendu complice de la garde bourgeoise ? On lui
pardonnait beaucoup à cause de sa circulaire très-
favorable aux clubs pendant le Gouvernement
Provisoire ; mais combien de concessions depuis !
Dailleurs quels étaient les principes du citoyen
Ledru-Rollin sur le socialisme ? immense embarras dans la position de l'ancien ministre de l'intérieur, qui avait ordonné la prise d'armes du 17
avril contre le communisme. Il atténua ce mauvais souvenir par son discours proncé au Châlet,
où il avait fait l'éloge des assignats, de l'impôt pro-
gressif, le côté pratique du socialisme. Il y avait
des rêveurs qu'il était absolument impossible d'entraîner, et ceux-ci se divisaient encore en trois
écoles.

Dans les temps étranges les plus grandes folies
ont du succès, et qui aurait pu croire que les stu-
pidités dégoutantes de M. Fourier auraient des
défenseurs? On récitait sans rire les intermina-
bles tirades de M. Pierre Leroux sur l'amour et
les triades ou les plans financiers de M. Proudhon,
qui allaient au correctionnel. La nation française
aux mains de tels gens aurait subi les fatales conditions de la décadence et de la mort ! Les plus
fidèles d'entre les socialistes se groupaient autour

de M. Raspail, qui obtint un petit nombre de voix, les autres marchèrent jusqu'à M. Ledru-Rollin qui fut le candidat avoué des clubs.

Il est à remarquer que dans tous ces débats qui précédèrent le choix d'un candidat, il ne fut pas question une seule fois de M. de Lamartine, blessure portée à cet orgueil démesuré, châtiment de la Providence. On peut dire que M. de Lamartine avait préparé et fait la République ; dans sa pensée il devait en être le président, et pour être exact il faut dire que si au mois de Février 1848 on avait eu à choisir immédiatement un candidat, toutes les voix se seraient portées sur M. de Lamartine, parce que seul il était un peu connu parmi cette multitude de *condottieri* politiques que la révolution de Février jetait sur la scène ; on l'entourait comme une espérance d'ordre et le dernier débris d'un peu d'aristocratie. Depuis , que de déceptions ! On avait appris que par faiblesse ou par vanité, par le désir surtout de dominer les hommes et les événements, il avait tendu la main à tous les chefs de clubs, qu'il en était aux billets tendres avec M. Sobrier, aux visites avec M. Blanqui, et que Barbès lui paraissait mériter le plus grand intérêt. Je n'examine pas si

M. de Lamartine avait tort ou raison dans ses affections révolutionnaires ; il y avait dans le poète
estime pour tout ce qui élevait ou dramatisait la
mise en scène de la révolution de Février ; et en
effet, en dehors de ces physionomies rudes, pitto-
resques ou ridicules que restait-il? Est-ce qu'il y
avait la moindre poésie dans les républicains politiques, repus et satisfaits, fonctionnaires intéres-
sés et médiocres, gros ventrus ou gentilshommes
de Molière! Mais la bourgeoisie qui avait entouré
M. de Lamartine le 24 Février, ne voyait pas comme lui ; pénétrée de ce sentiment que le repos devait passer avant la poésie, elle ne lui pardonnait
pas ses alliances démocratiques ; M. de Lamartine
dans cet isolement complet, fit en vain annoncer qu'il accepterait le grand faix de la présidence si la République lui en imposait le devoir.
Il eut bientôt à se désabuser et il fit dire qu'il ne
voulait pas de la présidence ; cette tactique du désespoir est généralement employée par les hommes
dont le succès est impossible dans un mouvement
politique, sorte d'application de la vieille fable.
Quelle leçon pour les esprits susperbes ! Je sais bien
qu'il y a souvent de l'orgueil dans l'isolement ; on
se fait un autel à soi-même et on le pare de fleurs,

on se tresse des couronnes pour sacrifier, pontife oriental, sacré des mains de lady Stanhope, la vieille folle des déserts de la Syrie.

Dans cette division générale des partis et des opinions, les républicains politiques espéraient triompher par l'action administrative : maîtres du gouvernement et de tous les moyens qu'il met dans les mains de ceux qui le possèdent, ils en usaient et en abusaient au profit de leur candidat, le général Cavaignac. Il faut voir à cette époque quel était le sens des circulaires adressées aux préfets, et les commandements impératifs émanés de l'administration publique! La poste était chaque jour accablée de circulaires, de pamphlets et de caricatures; chaque préfet avait son ballot expédié par le soin des ministères. L'acte le plus arbitraire, celui qui n'avait pas d'exemple dans le pays, ce fut le retard de cinq heures qu'éprouvèrent les courriers le 6 décembre, afin qu'on pût envoyer un *Moniteur* corrigé et imprimé à quelques mille exemplaires. L'ordre en fut donné par les ministres et exécuté par la direction générale des postes, un républicain pur ( je crois, M. Étienne Arago); dans l'état des esprits c'était étrangement compromettre la sécurité publique :

on pouvait croire qu'il y avait encore une révolution dans ce Paris, si fertile en bouleversements politiques. Un ministre qui se fût permis une telle énormité sous un gouvernement régulier aurait été mis en accusation ; et pourtant la chose parut la plus simple et la plus légale aux républicains politiques. Le *National* et la *Réforme* prirent à peine souci d'expliquer et de justifier cette mesure : « Les journaux royalistes avaient envoyé le poison, il fallait bien opposer le contre-poison. » N'était-ce pas un bon motif d'expliquer et de justifier le retard du courrier, les pertes et les terreurs du commerce ? Voilà tout ce qu'on daigna dire avec un ton souverain de commandement.

Un parti qui se permettait ces actes illégaux s'exposait à de grandes représailles pour l'avenir : il indiquait la voie que pouvait suivre toute dictature. La vérité est que les républicains politiques jouaient leur vatout ; ce retard dans l'envoi de la poste correspondait précisément à la première journée électorale, et l'on ne voulait pas manquer l'action morale que la presse ministérielle pouvait exercer sur le choix du président. Il semblait que la protection du ciel, au contraire, favorisait l'opinion opposée au général Cavaignac. Cette opinion prenait ses forces justement dans les campagnes ; pour en empêcher toute l'activité puissante, la loi constitutionnelle avait fixé l'élection définitive au canton ; on avait repoussé l'idée simple et primitive de la commune qui aurait tant facilité le vote du paysan. Les républicains politiques comptaient donc sur la neige et les frimats pour glacer le zèle et l'enthousiasme des campagnes, et il se trouva par une circonstance providentielle que pendant l'élection le temps fut si doux, parfumé d'un souffle si printanier, que les paysans purent venir de tous côtés pour déposer leur vote dans l'urne ; ils y accouraient en procession, leur maire et leur curé en tête comme s'ils avaient à remplir un joyeux devoir ! peu de bruit, d'émeutes encore moins. On aurait dit qu'ils étaient sûrs du choix de leur candidat de prédilection, le neveu de l'Empereur, l'idée d'ordre, d'héroïsme et de nationalité.

Le 12 on put connaître déja quelques résultats des votes désespérants pour le parti des républicains politiques et pour le général Cavaignac. Partout des majorités en masse pour le prince Louis Bonaparte : à Paris même l'élection fut à peine disputée ; trois candidats furent l'objet véritablement du scrutin : le prince Louis, le général Cavaignac et M. Ledru-Rollin ; on ne pouvait compter ni M. Raspail, ni M. de Lamartine qui obtinrent quelques milliers de voix. Les départements qui se prononcèrent le plus fortement pour Napoléon Bonaparte furent l'Ain, cent vingt-neuf-mille sept cent trente-une voix ; la Charente-Inférieure, cent mille deux cent soixante-deux voix ; le Nord, cent six mille trois cent cinquante-quatre voix ; la Seine-Inférieure, cent quarante-six mille huit cent vingt-huit voix ; la Somme, cent vingt-huit mille. Les départements qui, au contraire, se dessinèrent pour le général Cavaignac furent les Ardennes, cinquante-huit mille cinq cent vingt-quatre voix ; les Bouches du-Rhône, quarante-cinq mille voix ; le Morbihan, quarante-trois mille voix ; la Moselle, quarante-sept mille. M. Ledru-Rollin eut le plus de voix dans les Bouches-du-Rhône, trente-cinq mille ; la Côte-d'or , douze mille cinq cents ; le Lot-et-Garonne , dix-huit mille ; Paris, vingt-six mille. Le Midi, pays au demeurant royaliste, vota pour les opinions extrêmes, jusqu'au socialisme. Le résultat défi nitif, le résumé enfin des votes donna au prince Louis-Napoléon Bonaparte , cinq millions quatre-vingt-quinze mille huit cent dix voix, et à M. le général Cavaignac un million trois cent soixante-deux mille quatre cent quatre-vingt-dix-neuf.

Le résultat était si décisif, si complet, qu'il ne put pas y avoir le moindre doute, la plus légère incertitude; la France s'était prononcée avec une telle unanimité que le parti des républicains politiques dut céder à cet ascendant. Il ne fallait pas se le dissimuler, le vote du 10 décembre était comme un 18 brumaire moral : le principe de l'unité, de l'ordre éclatait avec une puissance à laquelle rien ne pouvait résister pour entourer le prince Louis-Napoléon. La France prenait une revanche sur le 24 Février, et c'est en quoi le parti démocratique s'était trompé : on peut surprendre un pays par la ruse et la violence, mais alors il ne faut pas lui demander son opinion par le suffrage universel ; en ce cas il vous échappe parce que le sentiment public est toujours libre et spontané. Puisque les hommes du 24 Février voulaient tant imiter la Convention, ils auraient dû se rappeler que son premier acte après avoir voté la Constitution de 1793 fut de la susprendre et d'établir la dictature. Un peuple que l'on consulte répond par son vote; la France qui n'était pas démocratique, appelait un pouvoir fort dans les mains d'une intelligence ferme et modérée ; le vote du 10 décembre eut cette signification. Ce fut le retour de la France vers un gouvernement régulier.

———

La courte période que vient d'embrasser ce travail historique est certes, la plus curieuse des temps modernes par le caractère général des opinions, par les principes étranges du Gouvernement et l'organisation des partis.

La lugubre époque de 1793 avait remué plus de sang, moins d'idées ; il s'était révélé un certain principe d'ordre parmi les Jacobins ; le Gouvernement était obéi par tous avec une soumission d'esclave d'Orient. La Convention avait proclamé le respect de la propriété, et mis hors la loi tout individu qui parlerait de la loi agraire.

Les Cent-Jours avaient eu également leur caractère désordonné : une révolte de soldats et de sous-lieutenants ; un Gouvernement renversé d'un coup de main, trahi par ceux-là même qui devaient le défendre ; la lutte des partis Jacobin et Napoléonien ; un splendide enthousiasme d'armée courant au combat à Waterloo, pour mourir sous les yeux de son César, de son Empereur ; l'ignoble opposition des patriotes et des révolutionnaires ; puis la chute de l'homme de la destinée, et l'invasion fatale de la France. Mais durant cette nouvelle phase de l'histoire, toujours le même respect de la propriété, de la famille et de l'ordre social ; un grand tumulte dans les faits, mais une hiérarchie respectable dans les idées.

La révolution de Février se distingue de toutes les époques antérieures et se présente sous un aspect plus dangereux ; elle n'a pas de supplices politiques, elle proclame même l'abolition de la peine de mort (c'est son côté honorable), elle ne confisque pas les propriétés ; elle ne proscrit personne. Mais cette révolution aventureuse par les idées, attaque tout l'état social ; ses théories mettent tout en doute, non plus seulement la foi, la religion du pays comme l'a fait l'école philosophique du xviiᵉ siècle, mais la famille, la propriété, la hiérarchie de l'État. Ainsi doucement avec les dehors de la fraternité elle sème des haines profondes, des antagonismes qui ne se guériront jamais ; si elle ne relève pas l'échafaud, elle proclame la guerre civile, l'insurrection. Les diverses classes forment comme des nations séparées qui se combattent : le pauvre déteste le riche, l'ouvrier le patron ; on se regarde avec des yeux de méfiance et de haine : situation d'autant plus dangereuse qu'elle peut durer comme la guerre sociale de Rome.

Cette révolution de Février a été considérée par tous les écrivains comme un fait imprévu, ainsi qu'on l'a écrit, ou comme une surprise ; je soutiens au contraire que rien n'a été plus conséquent, plus logique, mieux amené par les faits antérieurs ; et que c'est par l'effet d'une providence du ciel que cette grande leçon n'a pas éclaté plus tôt sur la tête de tous !

Est-ce que les publicistes, les journalistes, les historiens qui depuis trente ans ont corrompu les sentiments du peuple, les orateurs qui du haut de la tribune ont donné des leçons de révolte ou des banquets séditieux ne sont pas les vrais coupables de ce grand fait de perturbation dans la société ? Des historiens ont entraîné la jeunesse à admirer Danton, Camille Desmoulins, à se passionner pour Saint-Just, et ces hommes d'esprit et de sens devenus des politiques modérés s'étonnent des résultats qu'ils ont semés autour d'eux ? L'Université n'a-t-elle pas marché, sans le vouloir sans doute, dans les voies de la démocratie ; ses professeurs n'enseignaient-ils pas la propagande du vieux libéralisme? et le Collége de France fondé par François Iᵉʳ retentissait des déclamations contre la monarchie. Il fallait fermer les yeux pour ne point voir le grand abîme creusé par le prolétariat moderne.

Ce danger menaçant il faut le faire remonter à la Constituante de 1791, au désordre qu'elle jeta dans la belle organisation des métiers, œuvre primitive du prévôt Boisleve et si admirablement rectifiée par les ordonnances de Louis XI. A l'esprit de secours, de mutualité religieuse et de fraternité véritable, la Constituante substitua l'égoïsme, l'isolement. De là deux fatales conséquences de désordre : les sociétés secrètes et les clubs. L'esprit d'association est si naturel à l'homme que lorsqu'il ne le trouve pas paternellement organisé, il le cherche dans le complot et l'agitation; les sociétés secrètes remplacèrent les confréries, et les clubs les vieux *parloirs aux bourgeois.*

L'ouvrier des corporations dans l'ancienne société était pris à sa naissance et les confréries ne le quittaient qu'au tombeau ( du baptême au viatique, comme le disent les statuts ). Depuis la révolution qu'est devenu le pauvre ouvrier? on lui corrompt le cœur par les idées, on l'exalte dans ses convictions, on le lance sur la société, pour le réprimer ensuite avec violence. Qu'est-ce que l'atelier aujourd'hui et où se trouvent le mutualisme et la véritable fraternité ? Ce qu'on lui a appris depuis trente ans c'est l'art des barricades ; et de cet enseignement les plus coupables ce ne sont pas ceux qui naturellement s'exposent aux coups de feu, mais les théoriciens qui ont enseigné les principes de la résistance et de l'insurrection légitime, les historiens qui ont même raconté avec enthousiasme comment les barricades se faisaient sous la Ligue et la Fronde. Il y eut des livres écrits sur ce sujet par des conservateurs.

Et vous ne voulez pas que rien ne soit plus logique que la révolution du 24 Février ? la société y était parfaitement disposée par la presse, la tribune, les hommes mêmes du gouvernement ; ce dont il faut s'étonner, c'est qu'un fait ainsi préparé n'ait pas éclaté plus tôt. Plus d'un conservateur de 1847 nous avait prouvé dans les journaux que l'Université enseignait parfaitement, que le Collége de France n'avait que des professeurs religieux, et que la jeunesse des écoles était monarchique ; des historiens de la Révolution (aussi conservateurs), avaient prouvé que la Convention avait très-bien

agi en confisquant les biens des émigrés (voilà
pour la propriété) : que les assignats étaient une
admirable chose (voilà pour le crédit), et que le
divorce, l'affaiblissement de l'autorité paternelle,
l'abolition de l'ainesse, etc., étaient les belles conquêtes de la Révolution (voilà pour la famille). Les
masses avaient gardé souvenir de ces enseignements
si les professeurs les avaient oubliés; elles les ont
appliqués au 24 Février après les banquets où d'autres conservateurs les avaient appelés au son de
trompe.

La logique est inflexible. Cette société qui l'a
préservée dans l'admirable vote du 10 décembre ?
c'est le paysan : et pourquoi cette voie de salut est-
elle restée ouverte? C'est que les mauvais livres du
vieux libéralisme n'avaient pas pénétré jusqu'aux
champs : c'est que l'action du curé s'était
conservée, c'est que l'honnêteté du cultivateur
n'avait pas été pervertie par le contact de ces mauvais livres. Aussi voyez avec quelle persévérance
l'esprit révolutionnaire se met à l'œuvre pour corrompre les campagnes, pour les entraîner à ses
idées. Rien ne peut lutter contre cette ténacité
du mal qui prépare les mauvaises passions par
les almanachs, les chansons et d'ignobles dia-

logues, ou des correspondances démagogiques.

Quel remède contre cette action de la presse, me dira-t-on? Le remède, je le sais bien ; mais nul n'osera le tenter, le demander, parce que les fausses idées sont au haut comme au bas de l'échelle, et qu'il faut avoir du courage pour attaquer les choses admises. Nous en sommes tous un peu au point où se trouvait le roi Louis XV, après avoir essayé de lutter contre l'esprit de destruction et la philosophie du xviii<sup>e</sup> siècle, il en prit son parti : « Après moi le déluge. »

La situation actuelle pour ceux qui ne se font pas un mirage trompeur, n'est qu'une halte dans le frissonnement d'un grand désordre. La société française est toujours si disposée au bonheur, à la confiance, qu'elle saisit l'espérance du repos avec délices. Quand la révolution de 1830 s'accomplit, elle y chercha l'ordre, la quiétude également ; la bourgeoisie se crut maîtresse de la situation après sa victoire sur les barricades républicaines de 1832. Qui ne croyait, qui ne disait l'idée démocratique complétement vaincue? Eh bien, cette idée a repris la société en sous ordre ; elle l'a travaillée avec une activité, une habileté incontestable ; elle a rendu ses complices des hommes de mérite ; historiens, députés, poètes, prosateurs : l'orgueil, la faiblesse, l'entraînement ont fait le reste.

En ce moment les idées qui nous paraissent les plus étranges sont exploitées aux mêmes fins; la presse socialiste travaille la société républicaine, comme la presse démocratique a travaillé dix-huit ans la société monarchique. Nous n'apercevons pas au bout le même danger : qui aurait jamais dit en juillet 1832 que vous auriez la République en 1848! Cette expérience doit servir de leçon : aujourd'hui que la force de la société repose sur le suffrage de tous, c'est par tous que les complots doivent être prévus et réprimés.

La plus grande garantie contre le retour des erreurs, des folies et des violences dont le 10 décembre nous a sauvés, se trouve, je l'avoue, dans le spectacle même des temps dont je viens d'écrire l'histoire. On y a vu les trois grandes écoles du parti démocratique à l'œuvre : 1° La plus avancée, le socialisme a eu une tribune ouverte et les décrets du Gouvernement Provisoire à sa pleine disposition. M. Louis Blanc a été le maître souverain des ouvriers de Paris; il a pu rapprocher, organiser : en vérité qu'a-t-il produit? Où sont ses œuvres? quels capitaux a-t-il réunis, quelle association a-t-il enfantée? L'ouvrier sous sa main a-t-il été plus heureux lorsqu'il engendrait la fainéantise et le désordre des démonstrations? J'ai trop de foi dans l'esprit de l'homme pour croire que M. Louis Blanc voulait tout cela; mais le triste résultat d'une grande grève fut son ouvrage. Ce furent les doctrines du Luxembourg qui nécessitèrent les ateliers nationaux !

2° La Montagne qui fut la seconde école, prit une grande participation au pouvoir depuis le 24 Février jusqu'au 24 juin, et l'on peut dire que par les clubs elle en fut maîtresse presque absolue jusqu'au 15 mai, par le concours de M. Ledru-Rollin. Il est donc permis de lui demander quelles furent ses œuvres. Montra-t-elle autre chose qu'un esprit de corruption et de désordre? Ces orateurs qui se disaient héritiers de la Montagne de 1793, eurent-ils même une étincelle de cette énergie des héros sanglants de cette fatale époque? processionner dans les rues, pousser des cris étranges ou burlesques, planter des arbres de la Liberté, déclamer dans les clubs, en accompagnant ces grandes œuvres de repas fréquents à l'Hôtel-de-Ville : tel fut le rôle de la Montagne en 1848. J'oubliais l'envoi des commissaires dans la province et les délégués des clubs pour les élections. Il est donc exact de dire que le gouvernement des Montagnards se perdit ou par son impuissance ou par sa stérilité.

3° La troisième école fut celle des républicains politiques qui, après avoir tenu un rôle craintif et secondaire, s'emparèrent de la direction absolue du Gouvernement après le 15 mai et le 23 juin surtout. Ceux-ci devaient avoir une certaine expérience des affaires, acquise par une polémique de vingt ans. Ils s'étaient longtemps posés en chefs d'école, en savants économistes et politiques; appelés depuis par une fortune merveilleuse au gouvernement de la société, n'était-ce pas l'occasion d'appliquer les vastes doctrines de leur école si parfaite? Maîtres absolus de la situation, sans nul obstacle, en présence d'une société si abaissée, qu'elle courait à eux spontanée, obéissante, que firent-ils de neuf et de grand? Je ne sache pas une collection d'hommes plus médiocres et à idées plus stériles en finance, en économie politique, en administration : d'une nullité superbe, ils n'avaient pris du pouvoir que sa jouissance. Qu'on lise encore les actes du Gouvernement Provisoire et les considérants qui les précèdent durant cette dictature,

et l'on verra la médiocrité prétentieuse de cette
coterie. Un parti peut se relever de tout, excepté
du ridicule et de la nullité.

Ajoutez les actes les plus odieux, les plus arbitraires : levée de l'impôt sans le concours du pouvoir législatif, banqueroute partielle, suspension
de journaux, emprisonnement arbitraire, conseils
de guerre, proscriptions en masse sur les pontons.
Spectacle immoral que de voir des hommes qui
ont perverti une génération, la flétrir, la condam-
ner; prétendus amis du peuple, ils lui ont fait un
mal dont il ne se relèvera pas. Toutefois un bien
est résulté du passage des républicains politiques
aux affaires, c'est qu'ils ont donné par leur exemple, à tout gouvernement ultérieur et régulier, la
plus extrême latitude pour frapper et sévir : quelle
mesure répressive ne pourra-t-on pas légitime-
ment se permettre envers eux ! Une forte autorité
qui voudra désormais pourra tout oser en rappe-
lant les exemples du Gouvernement Provisoire, de
la Commission exécutive et de la dictature du général Cavaignac. Elle n'a qu'à répondre par cette
seule phrase : « C'est comme vous. »

Ainsi la démocratie a usé dans l'espace de sept
mois en préparant la décadence et la ruine du pays,

les trois écoles d'hommes dont elle était fière. 1° Les coryphées du socialisme, remueurs stériles qui n'ont produit que les enseignements du Luxembourg, le chaumage général, les ateliers nationaux, les banques d'échange et du peuple, et l'association des ouvriers malheureusement ruinés. 2° Les Montagnards qui se sont manifestés par les violences, la corruption des fonds secrets, les missions départementales, le désordre des rues, de la police, la joie des arbres de la Liberté et les cabarets de l'Hôtel-de-Ville. 3° Enfin la troisième et prétentieuse école des républicains politiques qui s'est manifestée par le despotisme, l'impuissance et la stérilité en présence d'une société qui ne leur opposait d'autre obstacle que sa force d'inertie. Cette épreuve a été triste : servira-t-elle au moins de leçon ?

En jetant un regard attentif sur l'Europe, on peut dire également qu'à aucune époque, elle ne subit une crise plus grave et plus sérieuse. Le péril a été court mais immense; il ne s'agissait pas de vaincre un conquérant, d'opposer des armées à des armées; dans ce cas on est vaincu mais on traite. Le danger de l'Europe venait de plusieurs causes : la corruption politique de la bourgeoisie, l'espèce d'hallucination qui la poussait à faire cause commune avec le parti révolutionnaire en vertu des idées constitutionnelles ; l'esprit de nationalité exploité par l'érudition au profit du désordre ; le peu de confiance qu'inspirait l'armée que les sociétés secrètes et la propagande corrompaient déjà. Quand on possède une force dévouée, on sait ce qu'on peut et dans quelles limites on le peut ; mais lorsque la force répressive elle-même est incertaine, qui peut répondre de la compression ! qui peut dire je vaincrai le principe démocratique soulevé ?

C'est dans cette situation que se trouva l'Europe dans la période du 1er mars au mois de novembre 1848, lorsque sous l'action de la propagande secrète éclatèrent à la fois les insurrections d'Italie, de Berlin, de Vienne. La source de cette agitation était incontestablement Paris, mais l'aliment qui leur donna vie et force ce fut la bourgeoisie trompée ; se séparant de la monarchie paternelle qui faisait sa fore, elle prêta la main à la révolution ; elle s'éprit partout des Assemblées représentatives, des doctrines de la souveraineté du peuple. Les gouvernements réguliers durent céder sous cette impulsion venue à travers les fron-

tières de France par le manifeste niais et agitateur
de M. de Lamartine. L'habileté des gouvernements fut dès lors de séparer l'armée de la bourgeoisie et de laisser celle-ci aux prises avec le parti
démocratique insurgé. Le meilleur moyen de cor-
riger la classe moyenne du désordre, c'est de l'a-
bandonner à elle-même dans sa lutte avec la démocratie ; la bourgeoisie est bientôt si fatiguée, si
tourmentée, qu'elle revient avec délices au gouvernement paternel. C'est ce qui se fit à Berlin surtout, pays bourgeois, de savants, d'écoles ; le roi
s'entoura de l'armée, comme l'avait fait aussi l'empereur à Vienne. Désormais nul contact avec le
peuple ; les gouvernements comptèrent sur les folies du parti démocratique ; elles ne manquèrent
pas et l'effroi fut bientôt au sein de la bourgeoisie.
C'est ce retour que les gouvernements réguliers
attendaient pour agir ; le rôle de l'armée commença : il fut beau et couronné par l'énergie et
la victoire.

C'est l'armée qui partout a sauvé la civilisation de l'Europe ; sa forte hiérarchie a préservé
une société qui n'avait plus de liens et de croyances. C'est à partir des barricades du mois de juin
à Paris que la réaction commence vigoureuse ;

autant la révolution de Février avait entraîné le désordre en Europe, autant cette belle et soudaine résistance de l'armée produisit un merveilleux résultat de répression dans toutes les capitales agitées. On put dès lors agir avec vigueur : Berlin et Vienne furent purgés de l'esprit révolutionnaire.

Au point de vue diplomatique cette période vit s'accomplir un grand fait : le rapprochement des cabinets sans arrière-pensée d'ambition et de conquête. Dans les temps paisibles les questions de rivalité surgissent d'elles-mêmes; chaque puissance a ses traditions, ses précédents, son avenir : de là certaines méfiances entre les politiques séparées des grandes cours. En présence du péril commun, elles durent s'effacer; l'Europe apercevait bien le double caractère de la révolution de Février qui contenait en elle-même la guerre à tous les pouvoirs réguliers; une violente attaque contre la propriété et la propagande en était le vigoureux instrument. A cette propagande il fallait opposer l'union des cabinets et l'action des armées. Les négociations s'entamèrent sur ces bases; la Sainte-Alliance reçut son développement et son application la plus solennelle. C'est encore ce qui a sauvé l'Europe.

J'ajoute qu'il résultera de cette triste aventure, jouée par quelques hommes, une reconstitution formidable des souverainetés que l'événement de Février avait tenté d'ébranler; la Russie est désormais appelée à exercer une prépondérance supérieure sur les faits généraux de la politique; la Pologne lui est définitivement acquise. L'Autriche va sortir de la crise avec une armée de six cent mille hommes, la suprématie sur l'Italie, et un degré de puissance qu'elle n'avait pas atteint jusqu'alors. La Prusse peut jeter des armées en Allemagne et leur faire tenir garnison depuis Bade jusqu'à Hambourg. Jamais la prépondérance des grands États ne s'est plus agrandie.

Dans ce mouvement général d'ascension des cabinets, il est triste de voir la situation difficile qu'ont faite à la France les aventureux de Février : un grand État acquiert une attitude politique considérable par la guerre, les alliances ou sa force morale; la guerre! on ne pouvait désormais la faire à une puissance sans les avoir toutes contre soi; l'Europe procéderait par coalition, ce qui constitue un droit public déplorable pour la puissance qui le subit. Les trois formes de gouvernement qui se succédèrent depuis Février jus-

qu'au 10 décembre, déclament beaucoup et n'a-
gissent que sournoisement par une propagande
timide et bavarde; ils aident les passions révolutionnaires et ne servent nullement la gloire et la
prépondérance de la France. Quelle alliance viendrait à nous désormais? quel projet commun pourrait s'accomplir? Telle est la fatalité d'un système
qui s'écartant trop des bases du droit public européen, ne peut agir qu'en vertu de ses propres
forces et dans un isolement absolu : était-ce la
destinée de la France? L'histoire de nos alliances
était celle de notre puissance politique, de nos
conquêtes ; fallait-il définitivement abdiquer le
passé? Pour la première fois dans les affaires politiques, on vit une nation riche de souvenirs, les
renier tout d'un coup pour se jeter dans des réa-
lités brutes et démocratiques : le peuple qui avait
certes les plus belles annales du monde, en dé-
daigna l'histoire et les enseignements.

De là cette infériorité, j'ai presque dit cette
ignorance de tous les agents diplomatiques sous
ces trois formes dont j'ai parlé. Avec la singulière
prétention de s'appuyer sur les masses insurgées,
ils avaient inventé un droit public à leur usage, et
lorsqu'il s'agit de traiter les affaires réelles, ils se

trouvèrent muets en face du corps diplomatique, le plus habile, le plus patient qui sait attendre et réfléchir. Aussi la supériorité de l'Europe fut bientôt acquise : aucune négociation révolutionnaire n'aboutit, aucune espérance ne fut réalisée; les agents de M. de Lamartine échouèrent partout. C'est le plus grand des désappointements après des bravades inouïes.

L'habileté la plus remarquable dans le corps diplomatique, il faut le dire, fut celle de l'Autriche; je ne crois pas qu'il y en ait un second exemple. Voyez-la du mois de mars au mois de novembre 1848, attaquée en Lombardie, en Toscane, à Venise, avec Vienne soulevée, la Hongrie en insurrection; rongée par le double principe de la révolution et des nationalités historiques; ses hommes d'État font des efforts prodigieux de patience, d'activité : on agit, on négocie, on temporise jusqu'à ce que tout soit préparé : à la France qui veut intervenir, on paraît céder et l'on se prépare à la guerre : si la monarchie autrichienne acquiert de cette crise une situation plus éclatante et plus énergique, elle le mérite bien; parce qu'il faut toujours des couronnes pour tout ce qui est habile, politique et fort, et que l'Autriche l'a été incontestablement.

L'Europe est aujourd'hui à peu près sortie de la crise; mais la France l'est-elle également? question plus sérieuse qu'il faut examiner avec toute impartialité. L'élection du 10 décembre, en plaçant le pouvoir dans les mains d'un prince réfléchi et dévoué à la France, a fait faire un immense pas aux idées d'ordre et de stabilité : je serais fier de le proclamer dans un prochain ouvrage; mais doit-on s'arrêter à cette haute garantie, et la société n'a-t-elle plus qu'à dormir d'un sommeil profond sous un horizon calme et d'azur ?

Les causes qui ont produit ce grand trouble de Février existent encore ; la surface seule s'est améliorée ; le sens historique de ce pays a été perverti ; on l'enivre de productions insensées, de livres immondes ; chaque matin voit éclore une idée perverse, des projets frénétiques qui deviennent la base de l'éducation du peuple. Comme en définitive le parti démocratique sait que tous les pouvoirs dépendent du suffrage universel, on veut d'avance corrompre cette grande épreuve de salut. Les enseignements de la misère et du malheur seront bientôt perdus pour tous! Que peut faire au milieu des illusions une voix isolée? Quelle pourrait être la valeur d'une protestation sans écho? Dans un doux et bienfaisant sommeil qui veut être réveillé? Lorsque la coupe du festin passe à la ronde, la ballade des morts importune, et la voix du vieux légendaire est bien criarde et maussade quand il annonce la catastrophe des barons et des chevaliers.

FIN DU QUATRIÈME ET DERNIER VOLUME.

# TABLE DES MATIÈRES

## DU QUATRIÈME ET DERNIER VOLUME.


|  | PAGES. |
|---|---|
| Avant-propos. | I |
| Chap. premier. Développement de la dictature du général Cavaignac. — Fin de la guerre civile du 23 au 26 juin 1848 | 1 |
| Chap. II. Aspect de Paris après les journées de juin. — Conséquence de l'état de siége. | 27 |
| Chap. III. Situation diplomatique de l'Europe après l'insurrection de juin. — Progrès de la répression. | 70 |
| Chap. IV. Développement et apogée de la dictature du général Cavaignac et des républicains politiques. | 113 |
| Chap. V. Décadence et fin de la dictature du général Cavaignac. — Levée de l'état de siége. — Modification ministérielle. | 155 |
| Chap. VI. Le mouvement diplomatique vers l'ordre européen. | 192 |

Chap. VII. Lutte entre l'opinion napoléonienne et le parti politique du 24 Février. — Élection du prince Louis-Napoléon à la présidence.   243

FIN DE LA TABLE DU QUATRIÈME ET DERNIER VOLUME.

1081

www.ingramcontent.com/pod-product-compliance
Ingram Content Group UK Ltd.
Pitfield, Milton Keynes, MK11 3LW, UK
UKHW022102120726
13694UKWH00001B/286